少年读中国 CHINA

文明之光

郑蔚 著

少年儿童出版社

图书在版编目（CIP）数据

文明之光 / 郑蔚著. —上海：少年儿童出版社，2023
（少年读中国）
ISBN 978-7-5589-1638-0

Ⅰ. ①文… Ⅱ. ①郑… Ⅲ. ①文化遗产—保护—中国—青少年读物 Ⅳ. ① K203-49

中国国家版本馆 CIP 数据核字（2023）第 039191 号

少年读中国
文明之光
郑 蔚 著

仙境设计 装帧

出版人 冯 杰
责任编辑 庞 冬 美术编辑 陈艳萍
责任校对 沈丽蓉 技术编辑 许 辉

出版发行 上海少年儿童出版社有限公司
地址 上海市闵行区号景路 159 弄 B 座 5-6 层 邮编 201101
印刷 镇江恒华彩印包装有限责任公司
开本 890×1240 1/32 印张 4.375 字数 69 千字 插页 8
2023 年 7 月第 1 版 2023 年 7 月第 1 次印刷
ISBN 978-7-5589-1638-0 / I · 5058
定价 28.00 元

序

读万卷书，行万里路

说起世界文化遗产，您最先想到的是什么？

是中国的万里长城、故宫、兵马俑，还是敦煌的莫高窟、浙江的良渚古城？抑或是希腊的奥林匹亚、柬埔寨的吴哥窟、意大利的威尼斯，以及墨西哥的奇琴伊察古城？

所有的世界文化遗产，都是人类的瑰宝，不但属于今天的人类，更属于人类的未来，属于人类的子孙万代。

世界文化遗产项目，始于1972年，联合国教科文组织在巴黎举行的第十七届会议上通过了《保护世界文化和自然遗产公约》。世界文化遗产属于世界遗产范畴，是文化的保护与传承的最高等级。

截至2021年7月，中国已有56项世界文化和自然遗产列入《世界遗产名录》，其中世界文化遗产38项（包括

5 项文化景观遗产）、世界文化与自然双重遗产 4 项、世界自然遗产 14 项，在世界遗产名录国家中排名第一位。

也许有人说，我关心哪些项目评上了世界文化遗产，主要是想知道哪里有值得看的景点。将来有机会去旅游时，可以去“打卡”，再发朋友圈。

如果仅仅是为了去世界文化遗产项目地“打卡”，那买一份景点的导览图就行了，这简直太可惜了。

我们中国人历来说，“读万卷书，行万里路”。

可见“读书”和“行路”这两者并不是对立的，而是相辅相成的。更重要的是，把“读书”放在“行路”之前，可不能脑袋空空地出发哟！

读书，收获的是前人的见识和智慧；行路，增加的是自身的阅历和体验。“读书 + 行路”产生了碰撞和交融，方可升华为自身的眼光、胸怀和智慧。

这册小书，说的是中国的三个世界文化遗产项目和一个世界文化景观遗产项目的故事。由这些“项目中人”娓娓道来的故事，可是在景点的导览图上没有的噢！

目录

长城，你可能不知道的真实传奇

在中国迄今为止的一众世界文化遗产项目中，唯有“长城”写进了中华人民共和国国歌。

长城，是中华民族的象征。

长城，也许还是我国青少年最早知晓的世界文化遗产项目。不仅在幼儿园和学校的课堂上老师就讲过，或许很多人还去过北京的八达岭、慕田峪长城。如果我们在长城上拍下了照片，一定会马上发朋友圈，还不忘写上那句诗：“不到长城非好汉！”

群山绵延，重峦叠嶂，长城逶迤，气势雄伟。长城，让我们每个中国人自豪。

很多远隔重洋的外国人，即使他们没有到过中国，但也听说过中国有一座长城。

美国宇航员尤金·安德鲁·赛尔南曾说，他在太空用肉眼就看见了长城。

我们常说“万里长城”，但长城究竟有多长？

国家文物局2016年年底公布的最新版《中国长城保护报告》说：“我国各时代长城资源分布于北京、天津、河北、山西、内蒙古、辽宁、吉林、黑龙江、山东、河南、陕西、甘肃、青海、宁夏、新疆15个省（自治区、直辖市）404个县（市、区）。认定数据如下：各类长城资源遗存总数43721处（座/段），其中墙体10051段，壕堑/界壕1764段，单体建筑29510座，关、堡2211座，其他遗存185处。墙壕遗存总长度21196.18千米。”

可见，长城实际上比“万里”还要长。

长城的长，还体现在时间的跨度上，中华民族最早从西周就开始修筑长城。哪个民族曾经2000多年在不同的地域修筑同一种功能的军事防御工程？唯有中华民族。长城在人类历史上是绝无仅有的壮举。

长城，对我们中华民族来说，究竟意味着什么呢？它是“闭关锁国”的体现，还是“保家卫国”、“珍爱和平”的象征？

保护长城，是我们每个中国人的义务，但怎么保护好长城？我们每个人又能为保护好长城做些什么？

“华夏子”，徒步考察长城第一人

当你第一眼看到长城的照片，也许心中会不由自主地升起一个愿望：好壮观啊，真想去看看长城！要是能登上长城，简直太好啦！

你可能没有想到，真有这么几个人，不仅想去登上长城，更是下了决心，要从长城的最东头山海关开始，沿着长城一直走到最西边的嘉峪关，完完全全地徒步考察走完长城！

徒步考察长城，这在上个世纪80年代之前，可是从来没有人做过的事啊！

这听上去是不是太不可思议了！是不是有几分疯狂？

而且，那时他们只知道有“万里长城”这一说，但实际上根本不知道长城有多长啊！

但他们真的铁下了心！

1984年5月4日，一个青春澎湃的日子。27岁的董耀会和吴德玉两个年轻人选定了这一天从秦皇岛出发，开启了徒步考察长城之旅。

之前，董耀会是秦皇岛电业局的一名普通架线工，经年累月在长城脚下架电线。那时，他天天望着长城，感觉长城也望着他。他仰望着雄踞在起伏的山脊上的长城，感觉白云有时像千军万马一样威武地在长城上驶过。这令他神思飞扬：长城，你到底有多长？两千多年来，除了“周幽王烽火戏诸侯”和“孟姜女哭倒长城”的传说，你还经历了什么传奇？究竟是什么，让我们中华民族要一代一代地筑长城？今天，你又要我们华夏儿女为你做什么？

“其实，早在1982年，我就萌生了徒步考察长城的想法。触发原因是，听说有外国人提出要徒步考察长城，让我受了刺激。在那天的日记里，我写下了一句话：‘在长城留下第一行完整足迹的人应该是中国人。’下了这个决心，然后花了两年多的时间做准备。”不久前的一天，董耀会回想起这件事时对我说。

“当时我虽然是国有企业的编制，但身份只是个工人。以工人的身份向单位提出要去‘走长城’，在当时确实有点异想天开的感觉，但我心里还是盼着单位能给予支持。就给单位打了请示报告：希望考察期间，能带着38.8元工资，以示单位支持；如不行，停薪留职。如都不同意，愿意辞职。最后单位答应的条件是停薪留职，但加了一条：‘如途中因病、伤丧失劳动能力，按退职规定办理。’这就有点生死状的感觉。但即使是这样，也没有动摇我的决心。”

最难得的是家人的支持，当时，董耀会的女儿还只有 1 岁，尚在牙牙学语。董耀会这一走，预估是两年，但具体啥时候回来可没法说，妻子既要一个人带女儿，又要照顾老人，太不容易了。

“出发前一晚，我一直是似睡非睡的状态，听着淅淅沥沥的雨声，直到凌晨，雨才停。太阳出来后，天空一尘不染，阳光明媚。我的几个发小一早赶来送行。按‘上马饺子下马面’的习俗，妻子已早早起身包了饺子，让我吃了饺子走道才有劲。老母亲还特意准备了一袋黑枣让我带上。”董耀会回忆说，“和老母亲、和老婆孩子分手那一刻，我都不敢和她们的目光相对，只看到老婆在悄悄抹眼泪。”

后来，当董耀会和同伴在长城上默默地行走时，他常常回想起离家这一刻。然后，他会有几分好奇地想道：当年那些奉召来修筑长城的农夫和守卫长城的士卒，他们是怎么离家的？他们才真是生离死别啊！然后就对自己说，想想他们吧，想想他们吧！

这趟考察跨越寒暑，长达 508 天，没有任何单位资助，纯属个人自费，条件格外艰苦。“那时候就连现在司空见惯的瓶装水也没有，所以我们就每人挎个军用绿水壶。出发是5月份，越走天越热，没法带衣服，就一路走一路脱，然后打包寄回家。白天遭遇瓢泼大雨，夜宿荒山野岭这都是日常。曾经半夜里有条又粗又长的蛇从我胸前爬过，远处还常看见野狼眼睛闪着蓝光。至于在沙漠里走得脚都烫起泡，腊月里又掉进雪窝子里，都是我们出发前就想到过的困难。虽然苦，但我们绝不会退缩，既然老祖宗都能把长城修到那里，我们徒步考察怎么能知难而退？路上，我们还增添了一位志同道合的队友张元华，三人行，必达嘉峪关！”

但让董耀会他们仨感动的是，一路走来，很多长城脚下的单位、部队和老乡，一听说他们是徒步考察长城的，对他们都格外热情和关照。腊月初八，房东大嫂给他们端来了热气腾腾的腊八粥……“他们善待我们，其实是因为他们都热爱长城。中国总要有人去完成徒步考察长城的使命，我们只不过代表他们去实现这个梦想而已。”董耀会说。

一路上，不仅有艰辛和感动，还有愤怒和焦灼。走到山西某县，董耀会竟然目睹了长城被当地的推土机张嘴撕扯的惨状，现场足有近60米的长城被损毁。他们仨不顾一切地冲上去拦在推土机前，不让推土机再“毁我长城”。然后，董耀会他们告到县委、县政府，但县委书记也不听。最后，他们找到雁北地区地委书记，地委白书记批示了，当地对长城的破坏才停了下来。

长城可是中华民族不可再生的重要文物啊！

1985 年 9 月 24 日，地平线另一头的嘉峪关的雄姿，终于呈现在董耀会一行的眼前。

10 个月后，董耀会三人以“华夏子”为笔名出版了徒步考察长城的报告《明长城实考》。

在时任全国人大副委员长黄华的力荐下，董耀会去北京大学学习了两年，师从中科院院士、北京大学教授侯仁之，从此走上了研究长城的学术之路。如今，他已是中国长城学会副会长、河北地质大学长城研究院院长、燕山大学中国长城文化研究与传播中心主任。

“长城点亮了我的生命。”董耀会说。

长城，敲响了世界“申遗”大门

长城，是我国首批列入《世界遗产名录》的国家重点保护文物。

要说起长城是怎么列入世界文化遗产的，不能不说到董耀会的恩师、为中国申遗立下汗马功劳的中科院院士、北大教授侯仁之老先生。侯老先生出生于辛亥革命爆发的 1911 年，与钱学森同庚。他是中国现代历史地理学的重要开创者之一，还开创了中国沙漠历史地理研究新领域。他对北京从元大都到新中国首都的起源、迁移和发展的研究做出了重大贡献，是国际知名的历史地理学家。

1984 年，他应邀造访美国康奈尔大学。在与几位专门研究华盛顿城市建设的国际同行交流时，意外获悉早在 1972 年 11 月 16 日，联合国教科文组织就在世界文化遗产总部巴黎通过了《保护世界文化和自然遗产公约》，成立联合国教科文组织世界遗产委员会，以将国际公认的、具有杰出和普遍价值的文化古迹与自然景观，作为全人类的共同财产加以保护管理，传给子孙后代。更让他惊讶的是，这一《公约》已自 1975 年 12 月 17 日生效，而国内文博界却并不知晓。

这一信息激起了侯仁之教授极大的兴趣，他想：我们中国的历史这么悠久，有着长城、故宫、莫高窟、孔庙、布达拉宫等很多极为珍贵的文化遗址，还有极为壮美的山河，我们中国在《世界遗产名录》上怎么能是空白呢？如果我们中国加入了《保护世界文化和自然遗产公约》，不仅可以使这些珍贵的历史文化遗产得到更好的保护，还能使它们更多地为世界所了解，让世界更多地了解中国悠久的文化和历代华夏儿女的杰作。他的想法，得到了那几位美国同行的赞同：我们也希望多了解中国的珍贵历史文化遗产啊！

回国后，他即以全国政协委员的身份起草了一份提案，提出我国应当加入《保护世界文化和自然遗产公约》，并积极参加世界文化遗产的申遗工作，让中国的珍贵文化遗存为世界所知。他说，世界早在1972年就有了《保护世界文化和自然遗产公约》，中国是有着五千年文明的国家，我们绝不能缺席啊！他的提议，深得郑孝燮、阳含熙、罗哲文等全国政协委员的赞许，于是联名签署了提案。这一重要提案在1985年4月召开的第六届全国政协第三次会议上正式提出，其时，中国已经步入改革开放的新时代，这一重要提案理所当然地得以顺利通过，为国家所采纳。

1985年12月12日，我国加入《保护世界文化和自然遗产公约》缔约国行列，遂于1986年正式启动申遗工作。

世界文化遗产属于世界遗产范畴，是文化的保护与传承的最高等级。联合国教科文组织规定，文化遗产项目必须符合其《执行世界遗产公约的操作准则》中明确的6项条件中的1项或者多项方可获得批准。中国首批申报的长城等项目能不能通过委员会的投票评审?

1987年12月，在联合国教科文组织举办的世界遗产委员会第11届全体会议上，中国的长城得到世界遗产委员会委员的全票通过。参加那次大会投票的委员一致认为，中国长城符合其规定的6项标准中的5项。这5项是:

代表一种独特的艺术成就，是一种创造性的天才杰作;

在一定时期内或在世界某一个特定的文化区域内，对建筑艺术、纪念物艺术、城镇规划或景观设计方面的发展产生过比较大的影响，体现人类观念转变;

能为一种已经消逝的文明或文化传统提供独特的至少是特殊的见证;

可以作为一种建筑或建筑群或景观的杰出范例，展示出人类历史上一个（或几个）重要阶段;

与具有特殊意义的事件或现行传统、思想、信仰、文学艺术作品有直接的关系或实质联系。

世界遗产委员会对长城的具体评价是：约公元前220年，一统天下的秦始皇下令将早期修建的一些断续的防御工事连接成一个完整的防御系统，用以抵抗来自北方的侵略。长城的修建一直持续到明代（1368—1644），又继续加以修筑，终于使长城成为世界上最长的军事设施。长城在文化艺术上的价值，足以与其在历史和战略上的重要性相媲美。

与长城一起通过世遗大会评审的中国申遗项目，还有故宫博物院、周口店北京人遗址、泰山、秦始皇陵（含兵马俑坑）和敦煌莫高窟这5项。一个国家同时有6个项目作为文化遗产、文化与自然遗产（泰山）列入《世界遗产名录》，这在世界申遗工作中是极为少见的。世界遗产委员会的审核极为审慎、严格，通常，缔约国每年所提交的申请中只有半数能获准通过，这一破例之举，说明了这6项中国文化和自然遗产项目的价值极高，是当之无愧的人类文明的瑰宝。

1991年7月25日，联合国教科文组织在北京故宫博物院向中国代表颁发了《世界遗产》证书。

截至2022年元月，中国已有56项世界文化和自然遗产列入《世界遗产名录》，总数名列全球第二。这56项世界遗产共分为4大类，第一类，是以长城为代表的文化遗产，共 34 项；第二类，是以九寨沟为代表的自然遗产，共 14 项；第三类，是以黄山为代表的自然与文化双遗产，共 4 项；第四类，是以杭州西湖为代表的文化景观遗产，共 4 项。

能有如此众多的世界文化和自然遗产，真值得我们中国人自豪！

长城的伟大，我们真该懂

“长城”，这个词最早是什么时候出现的？

董耀会说，过去，学界曾认为“长城”一词始于司马迁的《史记》，而越来越多的出土文物表明，“长城”一词早在战国早期就有了。

他解释说，“长城”一词最早出现在战国时期青铜器和竹简之上。青铜器的铭文，一般称为“金文”，有铸铭和刻铭两种。战国之前多铸铭，战国时期多刻铭。骉（biāo）羌钟之上带有长城一词的铭文属于刻铭。

骉羌钟是一组 14 件青铜器编钟，于 1928 年在洛阳城东金村的一座古墓中被发现。这组编钟工艺极为精湛，尤其珍

河北抚宁的一段“野长城”，默默地见证了人间沧桑。（郑 蔚 摄）

收件人地址:

收件人姓名:

寄件人地址:

从黑龙江到新疆，长城遗址分布在我国15个省市自治区的404个县。保存完好的长城遗址只占近9%，这部分长城遗址对外开放；而保存一般的为20%，保存较差几乎成遗址状态的为40%，这部分遗址一般不对外开放，人们称之为“野长城”。这是河北抚宁的一段“野长城”。

郑 蔚 摄

2004年3月，秦皇岛市抚宁区首创长城保护员制度，这是长城保护员在巡护中。　　郑　蔚　摄

喜峰口长城抗战原址：1933年3月，爱国将领宋哲元率29军官兵在喜峰口长城与进犯的日军激战，勇士们手持大刀夜袭日军，威武雄壮的《大刀进行曲》由此诞生。
郑蔚 摄

花山岩画位于明江拐弯处的直立岩壁上，坐船自明江而下，赭红色的岩画扑面而来，极具视觉冲击力。　　视觉中国 供图

贵的是，编钟上还刻有一段长达 61 字的铭文，讲述的是韩国一位名为骉羌的将军于周威烈王二十二年（前 403 年）攻打齐国并攻进齐长城的历史："唯廿又再祀，骉羌作介，厥辟韩宗虔，率征秦迮齐，入长城，先会于平阴……"

那齐长城又是什么时候修建的呢？在清华大学出土文献研究与保护中心编撰的《清华大学藏战国竹简（二）》中的《系年》篇中，记载有"齐人焉始为长城于济"，这应该是指齐长城较早的修建时间，为晋景公十五年（前 441 年），这比骉羌钟记载的事件又早了 38 年。

长城，是当之无愧的中华民族的伟大史诗。

鲁迅先生说过，伟大也要有人懂。长城无疑是伟大的，但我们真的理解长城的伟大吗？

董耀会对此感触颇深："恐怕还有不少人没有问过这个问题：'当年，要是中华民族没有长城会怎么样？而且是连续两千多年，不断地修建和使用长城，为什么？'今天，我们怎么站在人类文明的高度来认识和思考长城的价值？我们既需要加强研究，又需要将我们的认识传播出去。"

"有人觉得'长城没啥用啊，挡不住八国联军的洋枪洋炮'，长城对我们中华民族到底意味着什么？"我问董耀会。

董耀会没有直接回答，而是说：“我先给你讲个故事吧。1998 年 6 月，美国总统克林顿访华时游览长城，外交部让我陪同讲解。那天天挺热，站在慕田峪长城上，望着群山间绵延不绝的长城，克林顿十分感慨，他问我，那时中国人花费这么大功夫造长城的动力究竟是什么啊？我回答说，历史上，长城沿线多是农牧经济的过渡地带，农牧经济的冲突使长城有了诞生的必要。长城的建设者都是来自农耕经济带的人，因为庄稼汉只要把地种好，就能过上好日子，他们不想打仗。只有不想打仗的民族才会投入如此巨大的人力、物力去建筑万里长城，因为谁也不可能背着长城去进攻别人啊！”

克林顿点头以示理解。

4 年后的 2002 年 2 月，美国总统布什携夫人劳拉登上八达岭长城，两位连连发出赞叹：“Beautiful！”

董耀会再次陪同讲解，布什也问了同样的“为什么”。董耀会告诉他：“中国万里长城是人类和平发展的里程碑，象征着中华民族追求和平的精神，可以说长城的每一块砌砖、每一块垒石上都凝结着中华民族的和平愿望。”

布什还关心地问，1972 年尼克松总统在长城上爬到了哪里？他表示一定要比尼克松爬得高。最后，他登上了八达岭长城北三楼，比原计划还多登了 2 个敌楼。原定 20 分钟的参观时间延长到了 40 分钟。

最后，布什还在留言簿上留言："Peace to our people and best wishes.（祝愿我们的人民永享和平。）"

在长城面前，无论谁，来自哪个国家，都会为之震撼。

董耀会说："这说明长城不仅是中国的，更是全人类宝贵的文化遗产。"

他回到刚才的话题上说："中国历史上影响重大的秦长城、汉长城、隋长城、明长城，都是在实现长城以内农耕地区的统一之后所修建。所以说万里长城'产生于大一统，服务于大一统'，这道出了长城与政权、民族、经济和文化的关系。历朝历代所建长城的走向，基本上是中原农耕与游牧交错地区。种植农业是人类文明产生和发展的基础。在古代中国，农业始终是立国之本。对中原政权来说，保护农耕就是保护国家的命脉。这就是农耕地区政权数千年间不断修建长城的原因。"

古代中国传统农业曾长期处于世界领先地位，华北平原是黄河流域农业文明的发源地，也是农耕与游牧政治势力争夺激烈的地区。当中原的农耕文明较为发达后，便开始向北方宜耕宜牧的农牧交错地域迈进；而北方的游牧民族也将宜耕宜牧地区作为其拓展的生存空间，两种生产生存方式所带来的冲突无法避免。于是，在宜耕宜牧交错地区建立起一种新的社会规范，用以协调农耕和游牧两种生产生活方式所带来的矛盾和冲突，就十分必要。而构筑由连续性墙体及配套的关隘、城堡、烽燧等成体系的军事防御设施，在当时确实是防止游牧民族军事南侵的低成本方式。

公元前 215 年，秦将蒙恬率领以步兵为主的秦军，在内蒙古河套地区击溃了匈奴骑兵。匈奴骑兵远遁大漠，秦始皇却未令秦军乘胜追击，而是令蒙恬以战国时期的燕、赵、秦三国的北方长城为基础，就地修筑长城，从西北的临洮一直延伸到辽东。秦始皇为什么没有让蒙恬继续北伐占领大草原？史书记载，从中原地区运送一石军粮抵达北方的前线，路上运输队消耗的粮食竟多达数石！可见农耕民族的作战成本比游牧民族要高得多，而游牧民族从小在马背上长大，来去如风，掠夺农耕民族经年积累的财富轻而易举。同样，到了明朝成化年间，蒙古鞑靼部南犯陕甘，明朝大臣们算了一笔账：如征集 5 万民工修筑长城，耗银 100 万两；如派出

8 万大军征讨鞑靼军队，总计耗银 1000 万两。这也是明朝大兴长城的原因，避免了国家的连年征战。

我请教董耀会：“前些年，还有种议论认为长城是‘闭关锁国’的象征。那长城就是造成中国在近代落后的原因之一了，您是怎么看待这种观点的？”

董耀会认真地说：“这仅仅看到了长城表象的一面，其实长城还有其开放性的另一面。长城防御体系的对外开放性，是通过千万座联通长城内外的关隘体现出来的。长城增加了游牧民族对中原地区和华北地区农耕民族南侵掳掠的战争成本，因此绝大多数的长城地段没有发生战争，即使打过仗的地方，绝大多数时间也是不打仗的。在不打仗的日子，长城的关隘就成为农耕民族和游牧民族互市贸易的渠道。中原地区的百姓以丝绸、茶叶、盐巴换取皮毛、牛羊，而北方民族也通过边贸换取粮食、铁器、珠宝，所谓‘茶马互市’就成为两个不同地域、不同生产生活方式的民族互利互助共存发展的机制。

“我们说人类文明始终面临的三大问题：生存保障、社会秩序和文明传承。长城作为一项防御军事工程，首先减少了边境战争，保卫了国家安全；其次，为长城内外的各利益主体在适宜其生产和生活的环境中，构建了一种既相互保持经济和文化联系，又对军事冲突实现制约的秩序；再者，长城在一定程度上保障了中华文明按照自身轨迹延续发展，同时，随着农耕文明与游牧民族的经济和文化交流的增多，长城文化带最终融入了中华文化的主体，为中国统一多民族国家的形成起到了不可或缺的作用，促进了民族融合发展，见证了中华民族多元一体格局的形成和发展的历史进程。”

这也说明了长城在中华文明得以延续五千年中的伟大作用。从安全防御的角度来认识中国地理环境周边状况，对理解农耕政权为什么要在北方农牧交错地区修建长城很有意义。中国东部和东南部为海洋所环绕，西部有“世界屋脊”帕米尔高原，西南有青藏高原和喜马拉雅山，它们在当时的社会条件下，都是难以逾越的天然屏障，不用构建军事防御工程，也不会受到较大的威胁。只有北部蒙古高原及与之相连的华北平原、黄土高原北部地区，缺乏不可逾越的天然屏障。农耕政权只能靠修建长城补充其北部防御不足的地理缺陷，以求保障政权的稳定和农耕经济持续发展。在北方修建长城作为中国相对独立的地理环境的补充，构成了其环境完整的封闭性。

长城不仅守护着中华文明，还对世界格局的演进和变化发挥了不小的作用。斯塔夫里阿诺斯在《全球通史：从史前史到21世纪》中讲到长城的防御时指出：游牧民族的“入侵还经常是一系列爆炸反应的最终结果。攻不破中国长城，或者遇上障碍物如在蒙古形成的富有侵略性的部落联盟，往往使游牧民族转而西进。接二连三的入侵犹如不断向西的一连串冲击波，最终使游牧民族涌过奥克苏斯河、多瑙河或莱茵河。”

长城，在历史的长河中，为中华文明的发展和延续提供了重要保障。

守护长城，就要守护长城的全部

当我问董耀会，“您在1985年9月24日完成徒步考察长城这一壮举时，最大的感受是什么？”

他答道：“长城最让我们震撼的，还是长，长城是世界上规模最大的单体线性文化遗产。不仅是空间的体量大，还有时间跨度上的长。长城始建于西周，至今已有2600年的历史，有20多个诸侯国和王朝曾修建过长城。但实际情况是，一方面从宏观层面上，中国人都知道长城伟大，是中华民族的象征；但在当时的另一方面是，很多地方对长城的保护又相当漠视。”

即使在今天，这种宏观上对长城认同，而在实际生活中对长城“陌生”的状况，依然同时存在着，以至于我们前些年依然听到某某地方施工队“在完全不知情的情况下”损毁了一段长城，听到某某人在长城上胡乱涂鸦，只是为了向女友表白爱情；甚至有人用脚去踹踢长城，是为了证明自己无知到胆敢挑战法律尊严的程度……这些令人气愤的行为并未绝迹。他们觉得他们损毁的不是长城吗？或者，那只是一段他们认为不值得守护的长城？

确实，如今大多数人亲眼见到的长城，恐怕多是已经景区化管理的八达岭、山海关和嘉峪关等，但绝大多数人可能不知道的是，保存如此完好的长城仅占全部长城的1%左右，还有99%的长城逶迤绵延在崇山峻岭之间，甚至跨越沙漠戈壁，是仍处于原生态的“野长城”。这些“野长城”的真实状况，大多数人并不了解。而这，正是长城保护的重点和难点。

为此，我采访了国家文物局和中国长城学会的有关专家，走进了国内首创长城保护员和长城保护工作站的秦皇岛抚宁区。在燕山山脉的“野长城”上，我听到了很多长城的原汁原味的故事……

“我管的这段长城总共有 12 个楼，如今能避雨的，就 5 个了，别的楼墙都塌了。”说这话的，是抚宁区大新寨镇界岭口村长城保护员乔国华。

“我那段也是 12 个楼，能有顶的楼，只剩 2 个了。”一同上山巡视的保护员程占红接口道。

他俩说的“楼”，是指长城上的空心敌楼。

这让我想起和董耀会的一场讨论：长城的英语是“the Great Wall”，“wall”在英语中是“墙”或“用墙围起来”的意思，而为什么我们中国人从来不叫长城为“长墙”？

董耀会说，这是因为长城从一开始就不只是一道墙，而是一个军事防御体系，长城不仅有敌楼、角楼，还有关隘、关城、城堡、烽燧等一系列配套建筑。敌楼还不同于烽燧，敌楼多为方形，空心的敌楼有门有窗户，可供瞭望，平时可驻守士兵；而烽燧只是“烽火台”，一旦发现敌情，按照事先约定好的规则，以点燃烟火或鸣炮的方式示警。在这样的体系下，大批戍边将士和家属在此生活，逐渐形成一个“边疆社会”。

说话间，我们从设在村口的长城保护工作站出发，穿过界岭口关东月城的西门，沿着他俩平时巡视长城的路线上山。

抚宁长城界岭口关位于秦皇岛市北部的燕山余脉，是明洪武十四年（1381 年）徐达从山海关到北京所建的 32 关之一。抚宁长城南与山海关相连，西北接承德金山岭长城，是蓟镇长城的一部分。而蓟镇长城，堪称我国明长城的精华。

“从公元前 7 世纪到公元 16 世纪，中国人陆陆续续修建了两千余年长城。从黑龙江到新疆等 15 个省市自治区的 404 个县区都有长城分布，长城遗址几乎遍布大半个中国。”董耀会对我说，“根据国家文物局 2012 年公布的历代长城测量数据，长城墙体总长度 21196.18 千米，包括土墙、石墙、砖墙和山险墙等不同的人工墙体。其中保存较为完好的是明长城，全长为 8851.8 千米。有数据说，仍保存完好的近 9%，保存一般的为 20%，保存较差几乎成遗址遗迹状态的为 40%。”

如今这“保存一般”和“保存较差”的明长城，正是崇山峻岭之巅、大漠戈壁之中原生态的“野长城”。“我们说‘保护长城’，肯定不是说仅仅保护八达岭、居庸关、山海关等标志性景区的长城，而是要把长城作为一个整体保护起来，这是长城保护最大的难点。”董耀会说，“长城之所以伟大，一个非常重要的原因，就是因为是万里长城，所以必须是保护它的整体和全部。”

但从辽东到嘉峪关，长城沿线的县有半数以上曾经是国家级贫困县，他们本来财政资金就捉襟见肘，还要拿出钱来保护维修长城，确实困难不小。“国家财政投入的长城保护经费，主要是用于大型修缮工程，长城沿线基层文物部门用于长城日常维护的经费严重不足。”董耀会说。

秦皇岛市抚宁区在全国首创的长城保护员、长城工作站制度，正是在这样的大背景下设立的，显得尤为迫切、必要和及时。

长城保护员制度是 2004 年 3 月正式实施的，当时邀请各乡镇文化站推荐长城保护人员，从中精选了首批 18 名长城保护员，他们的首要条件是热爱长城。按照定地段、定专人、定责任、定补贴、定奖惩的“五定”模式运行，基本消除了长城沿线无人看管、巡护的情况。

现在走在我前头的乔国华，就是抚宁的首批长城巡护员之一。我边跟随他向山脊上的长城攀爬，边问：“那时文管所每年给你们开多少补贴？”

“那时每年就二三百元吧。这保护长城，就是不给钱我也得干啊。”乔国华说。

“按规定，你们每月要来长城上巡护几次？”

“文管所规定一个月不少于 10 次，但实际上只要没有着急的农活，我们天天上长城。最重要的是，雨雪天后，我们必须上长城巡护，看看敌楼城墙啥的有没有损坏的，发现哪里有塌的危险了，立即向文管所报告。”

上山时，遇到了好几个放羊的村民。但长城上，我确实没有见到羊粪。“羊群只能在半山腰，不能上长城，”程占红说，“你别看羊不大，羊蹄特有劲，踩着能把地下的石头翻过来，所以羊群不能上长城，就是怕它们损坏长城上铺的砖。”

镰刀是长城保护员巡护长城必备的工具。长城上，程占红手舞镰刀，一路“披荆斩棘”，砍去城墙上高高的蒿子和齐肩的灌木。“为啥要砍掉这些杂草灌木呢？”我好生奇怪。

“清理长城上的杂草是咱的工作。”原来，在长城的墙体甚至敌楼楼台上，由于常年积尘，草本植物和木本植物开始生长起来，使长城墙体的含水量加大，墙体抗剪力强度就降低了；城墙上植物根系的生长，也对墙体构成了破坏。

镰刀还有一个功能是防蛇。夏天，蛇也喜欢在长城上的敌楼里躲荫凉。乔国华就曾在敌楼里撞见一条碗口般粗的当地叫“黄松”的大蛇，幸好大蛇淡定，风度优雅地飘然而去。还有一次敌楼里竟然蹿出一条双头蛇，变态地直扑乔国华。忘带镰刀的他吃了一惊，忙用棍棒招架。人进蛇退后，他直后悔没有带镰刀“削了它”。

抚宁现有长城 70 余千米，现有敌楼 224 座，保存较好的有 56 座，剩下基础全部坍塌的 78 座，有墙体损毁的为 90 座。

之前，有传闻说“长城之所以能千年不倒，是因为前人在建造长城时，在垒砌长城的砂浆中掺了动物血，在垒砌长城的白灰中添加了糯米浆”，我问董耀会，这是真的吗？

董耀会笑着说，这些传说都是不真实的。“建长城的时候，人都不怎么吃得上糯米，如果用糯米浆来砌长城，那要多少糯米啊？再说，如果要将这些糯米运到当时的边疆来砌长城，这成本也太大了。”

董耀会认为，建造长城这样规模如此巨大的工程，肯定尽可能地就地取材。“比如，在用条石砌成的长城城墙内，里面可能全是碎石，不可能里外都是条石。而且，明朝以前长城没有用砖砌的，即使是明长城，砖砌的比例也非常少。”

即使是明长城的城墙，有夯土墙、毛石墙和条石墙等多种形式。西北地区的汉长城，有的地方没有黏土，只能用砂砾土再夹以红柳或芦苇的枝条，一层一层地筑起来。“由于当地泥土缺乏黏性，就先铺上一层很薄的芦苇或红柳枝，起到‘筋骨’的作用，然后再倒上水，再让沙土往下沉一沉，这样就比较结实了。就这么一层一层垒起来的。”

长城，凝聚了华夏先人们多少建筑的智慧啊。

长城记住了英雄岁月，老乡记住了长城烽火

我跟随长城保护员在“野长城”上行进。

“你看那个敌楼，”乔国华指着远处的山脊说，“那楼给鬼子的炮打塌了一个角。

“东北军的一个连啊，在这里凭借长城和鬼子干了一仗，鬼子死伤了有二三百。但这东北军是从东北退进关的，对这里的地形并不熟，最后被鬼子抄了后路，全部战死了。

有个小兵，眼看要突围跑出鬼子的射程了，正要翻过长城，一枪打来，子弹从后背进去都没从前胸出来，身体带着那颗枪子死了。就差这一步，可惜了。”

1933 年，已经侵占我东三省的日军为攫取热河，纠集了 3 万多军队向山海关一线进攻，中国军民奋起抗击，史称“长城抗战”，其主战场就在古北口、喜峰口、冷口和界岭口一带。

让今人记住这段历史的，不仅有长城脚下老乡的口口相传，还有侵略者的大炮和刺刀。我从 11 道楼东侧的券门走入，只见朝南的墙上赫然刻着两行日本字，依稀可辨的是“步兵某某联队十一中队占领”。

这是侵略者的刺刀，在长城上留下的伤痕。

在罗家沟至程家沟一线长城敌楼的内壁上，当年日军用刺刀留下的刻字已发现的还有 6 处。

“万里长城万里长，长城外面是故乡。高粱肥，大豆香，遍地黄金少灾殃。自从大难平地起，奸淫掳掠苦难当……”

这首诞生于抗战烽火中的《长城谣》，唱出了多少国人对长城、对故土的眷恋，以及对日本帝国主义侵略者的愤怒和控诉。

为了纪念抗日战争胜利 70 周年，我还曾前往“长城抗战”故地喜峰口采访。在喜峰口长城脚下，听当地老乡讲述当年以“大刀队”闻名天下的 29 军抗战勇士的故事。

喜峰口，位于燕山山脉东段隘口，古称卢龙塞，为长城要塞。汉代曾在此设松亭关，唐代高适有诗云：“东出卢龙塞，浩然客思孤。亭堠列万里，汉兵犹备胡。”后来松亭关更名喜峰口。1933 年，已侵占我东三省的日军，再向喜峰口、古北口等长城一线进犯，妄图侵占察哈尔省，威胁我平津安危，将战火烧到我华北大地。

爱国将领宋哲元率部奋起抗敌。当时的中国，国弱民穷，29 军全军 4 万将士只能领到 2.5 万人的军饷，宋哲元曾下令：团以上军官只管饭不发饷。部队装备落后，他就给每个士兵加配了一把大砍刀。宋哲元向时任北平军事委员会分会代理委员长的张学良表示：“宁为战死鬼，不做亡国奴。”临战前，张学良将铸有自己名字的指挥刀赠与宋哲元，以表血洗国耻之志。

1933 年 3 月 9 日凌晨，战斗打响，我方装备和兵力都弱于日寇，战斗极为惨烈。当地村民还记得父辈说起过，他们曾在当年掩埋我 29 军将士遗体，说起过 29 军大刀队众多烈士的惨状。

其中有两个细节，令我难以忘怀：一是因 29 军常年军费拮据，士兵营养状况极差，不少士兵患上了夜盲症，以致 29 军大刀队夜袭日军时，不少壮士因为夜盲症看不见路，只能就着滦河封冻的冰面反光，悄然潜行，杀进敌营。

二是大刀队夜袭鬼子出发前，请村里的大娘为他们烙饼，年轻的小伙特意关照“给我们多搁点油啊”，他们多想在上战场杀敌前能吃上一口热乎乎的油饼。但大娘为难地说，家里穷得一点油也没有了，只能给他们烙了硬硬的饼子，但大刀队的壮士还是付了一元大洋。大娘感动地说：“大刀队真是仁义之师！”

喜峰口之战，令骄横一世的日军看到了中国军人的勇猛和血性。当时日本国内报纸也哀叹道：“明治大帝造兵以来皇军名誉，尽丧喜峰口外，而遭受六十年来未有之侮辱。”

长城抗战虽严重打击了日寇的嚣张气焰，但敌强我弱终告失利。著名作曲家麦新受 29 军大刀队勇士的激励，创作了《大刀进行曲》。“大刀向鬼子们的头上砍去……”这首战歌从长城脚下传遍大江南北，激起了更多的中国军民抗战救亡的决心。

长城，是中华民族的精神象征，是“天下兴亡，匹夫有责”的家国情怀和不畏强敌、不怕牺牲的英雄主义的标志。

董耀会告诉我，长城原本无敌楼。明隆庆元年（1567年），抗倭名将戚继光受命任蓟镇总兵。他巡视后，发现长城过于简陋，远不适应实战需要，就提出了两条建议：一是修筑空心敌台（即敌楼），楼上可站岗放哨，施放报警烟火；楼下可屯兵，免去雨雪日晒，保持士兵的体力和斗志，还可储存粮草武器。一旦作战，楼上楼下协力策应，石炮火器、弓箭礌石齐发，形成立体交错的火力网，此乃他当年在台州抗击倭寇所建空心敌台之经验；二是征调3000名义乌兵北上守边。

他的建议很快得到朝廷批准。不仅长城上开始修建敌楼，而且先后三次征调义乌兵防守蓟镇长城。为了稳定军心，甚至允许义乌兵携带家眷守边，这大大增强了边关的稳固。

从明初到明末，界岭口关这一带总共打过大小13仗。界岭口村有四大姓——乔，万，董，张。老乔家祖上是唐代就从山东迁徙过来的，虽然不是义乌兵的后代，不一定打过仗，但修建明长城，他们的祖辈一定出过力。所以，他们对长城特别有感情。

这些年，虽然长城保护员的补贴标准提高了，但是风雨无阻地在长城上奔波一年，已非“热爱”不能理解了。况且村里的事，光“热爱”还是不够的，还要不怕得罪人。界岭口长城东顶子上，乔国华的本家长辈种上了谷子，虽说不过 4 分地，但乔国华不让了：长城是国家的，怎么能成你家的地了？在他的劝说下恢复了原貌。

区文管所有时承受的压力更大。有一年年初，有人要在离长城不远处开金矿，被文管所制止。那人就威胁：“当心你的老婆孩子！”保护员回答：“我们绝不让步！”

我打开了乔国华和程占红的《长城保护员日志》，见每次巡护都有简要的记载：“午前 10：30 去长城巡视，到八道楼发现楼内有几只羊，我就及时找到放羊者，讲解长城的重要性，在长城敌楼放羊还会污染长城的环境，是不允许的。他口服心服，表示以后再也不让羊进敌楼了。”

还有一篇写着：“早晨 6：00 去长城巡视，发现一个工程队在大鹰落山上打道，要穿越长城。在 7：40 及时与管理所长杨大海联系。杨所长说：穿越长城绝对不行，要距离长城 100 米外方可施工。我就按杨所长的话通知施工队领导，他们也就只好执行了。”

岁月流逝，硝烟散去，但长城记住了一切。

长城脚下的老乡，也记住了长城的一切。

人们将来怎么守护长城

从界岭口、程家沟再往西，是台营镇的石碑沟。从石碑沟至奇峰突起的城山，长城有数里建在低山、坡岭之上。为一早上山，我夜宿石碑沟村农家，次日凌晨即起，跟随该村长城保护员刘发、张新民出发。

一路上，只见谷子垂穗，青里泛黄，苞米挺拔，正在灌浆，清晨的空气里弥漫着庄稼的清香。也因此处无险可依，历史上多次成为北方游牧民族南侵的突破口。为加强防御，戚继光在此建了大量敌楼，并在原来的石砌墙体之外，又里外各包一层长城青砖，令长城墙体格外宽厚，成为明长城的一等城墙。

刘发是石碑沟村主任，年逾五旬。前几天大雨，他雨后上山巡护，不料脚一滑，将手中区文管所发的专用手机摔下了山，幸亏一把抓住身旁的蒿子草，人才有惊无险。

长城保护员巡视长城时用手机将敌楼、城墙的情况拍下来，通过微信专网，直接发到区文管所，这是我见到的长城保护员最现代化的手段。所以，每过一道楼，张新民都认真拍照后上传。

城墙上一簇簇不起眼的小白花，竟然是野生的山韭菜花。“用盐腌下可香了。”刘发告诉我，这“山韭菜花”，其实几百年前还是家韭菜。当时朝廷允许驻守敌楼的官兵自带家眷并在长城脚下开荒种粮食蔬菜，以减轻军粮运输的负担。斗转星移几百年，当年种下的家韭菜如今成了“山韭菜花”。

虽然是沿着城墙上城山，但依然十分陡峭。有座敌楼被称为“十二楼”，这名称让我好生奇怪。祖辈传说，这座高大规整的敌楼当年由 12 位匠人所建，官府说了，啥时建好，啥时才能回家。

刘发站到敌楼一角，让我来看，“你看，几百年过去了，这楼角还是笔直的！”楼基是三层毛石上加三层条石，观察细致的刘发有了新发现：“为了条石平整，条石之间还叠上了铁块，这是皇家建筑的规格啊。”从外层剥落的砖墙望进去，里层的墙砖也是青砖错缝平砌，砖块之间用石灰浆粘接，毫不马虎。“怪不得这敌楼这么雄伟结实！”我连连感叹。

这就是老祖宗的“匠人精神”啊，没有这精神，长城哪能留到今天！

令人欣喜的是，保护长城的意识正在深入人心。不久前，程家沟村村民程占先，在程占红的动员下，将家中老房子拆下来的50块长城砖交给了区文管所。在他的带动下，现在村民拆旧房时交还长城砖的越来越多，送还的达2000多块。

当天有雾，否则从城山顶上可远眺百里群山。山顶敌楼有东墙、南墙两个石质券门，东门门额中间竖刻“人马平安”四字，南门门额刻有“天下太平”。其文字朴拙，无疑系出自普通工匠之手，可见当年修建长城，包含了多少老百姓过上和平日子的期待！

下山更难。腰疼让刘发边走边感慨：“村里的年轻人都进县城了，而今就我们这些五十多岁的人，将来谁来接我们的班来巡护长城？”

好在国家有关部门已经启动《长城保护条例》的修订，出台了《长城保护总体规划》，并公布了《长城、大运河、长征国家文化公园建设方案》，加快部署长城国家文化公园建设工作，推动长城的修缮保护，传承长城文化，弘扬长城精神，更科学地认识长城。

在北京、河北、内蒙、山西等多地积极探索健全长城保护管理体制机制的同时，大数据、无人机、传感器、电子巡检仪等新的科技手段也运用到长城保护中来，通过“天眼”+“人眼”再由文物保护专家整合“双眼”信息，为长城建立“人防+技防+物防”这三重保护体系，一定能比过去更有效地保护好长城。

我还想知道，在长城研究上，还有多少未解之谜？

董耀会说：“虽然我们编纂的国家‘十二五’项目《中国长城志》已经出版，但长城留给我们的未解之谜还是太多了。比如，国家文物局已经确定为长城遗存的有些地段，到底是什么朝代修建的长城尚不清楚；如此浩大的工程，耗费了多少人力、物力尚缺乏定量研究；长城作为庞大的军事工程，在不同的朝代，应该有不同的‘设计师’，不同年代的这些设计师究竟是谁？他们又是如何确定路线和建筑形式的，我们也知之甚少。这还仅仅是就建筑本体而言，如果讲历史文化方面的未解之谜，可以说数不胜数，这些都需要我们去做进一步的研究和破解。”

我一直有一个疑问：美国宇航员尤金·安德鲁·赛尔南说他在太空用肉眼就看见了长城，为什么杨利伟说他没能在太空看见长城？

董耀会说，他相信这两位航天人说的都是真话。看见的，就是看见了；没有看见的，就实事求是地说没看见。要知道赛尔南在太空的轨道最低高度是 160 千米，而杨利伟乘坐神舟飞船的轨道是 343 千米，两者相差一倍多；还要看地面有没有沙尘暴和被云层遮蔽，以及飞船的位置、太阳的角度、季节植被的亮度等众多因素是否适合观察长城。

其实，无论我们能不能从太空用肉眼看到长城，长城都一样伟大。

最重要的依然是保护好现存的长城。

而这任务依然艰巨，因为面对着的是自然的和人为的双重因素。国家文物局专家曾介绍说，通过长城资源的调查认定和评估，“保存现状较好”的长城人工墙体约占总数的10%，经过数千年的风化、破坏，目前长城遗存的整体面貌仍以残损遗址形态为主，这既是长城的历史形态、自然形态，也是其客观形态。

保护长城，刻不容缓。

人人都应该守护长城。

像董耀会一样栉风沐雨、行程万里去丈量长城，是一种动人心魄的守护；像长城保护员一样日复一日、年复一年地行进在荒山野岭，是一种虔诚如圣徒的守护。

长城太雄伟了，长城也太脆弱了，长城因此需要各种各样的守护。所有的守护，都是了不起的贡献。

当你劝阻正想往长城上刻字涂鸦的人，你是在守护长城；当你把知道的关于长城的故事告诉你身边的人，也是在守护长城。

所有的人，都可以守护长城。

长城，正需要所有人的守护。

关键是，依法保护长城，没有太严，唯有更严。

中国岩画，无文字时代的史诗

2016 年 7 月 15 日下午，一条期盼已久的喜讯从土耳其伊斯坦布尔第 40 届联合国教科文组织正在举行的世界遗产大会会场传回国内——电话那头，时任广西花山岩画保护所所长的朱秋平激动地说：“我们成功了！成功了！”

广西左江花山岩画文化景观终于成功入选世界文化遗产名录，填补了中国岩画类世遗名录的空白，这对我国来说意义非凡。中国是岩画大国，除了上海、天津和海南三地，岩画几乎遍布大陆和港澳台地区。而且我国还是岩画最早的发现国，早在公元前 3 世纪的《韩非子》中就有关于岩画的记载，及至北魏郦道元所注的《水经注》中就有更多关于岩画的描述。但在世界上千处的世界文化遗产项目中，尽管有 30 多处岩画类遗产进入了世界文化遗产的名录，却只有一项是中国岩画。

“岩画是中华文化的重要组成部分，是极其珍贵和重要的文化资源。”中国岩画学会会长、国际岩画组织联合会执行委员王建平说，“从文化传承来说，中华文化上下五千年，岩画是迄今发现最早的文化记忆，是中国智人的独特杰作，是史前文明的突出代表，是国人最能引发文化自信的文化始祖。”

岩画是人类最古老的画，犹如人类无文字年代的“字”；它存续的年代比人类有文字史要绵长得多，是人类文化中最早和连续性的篇章。所以，它不仅是画，它更是诗，还是史。

上篇：花山岩画，无穷魅力无数谜

2016 年初春，正是广西紧锣密鼓地为花山岩画申遗的时刻，我从上海赶往了位于广西西南部的崇左市。花山岩画就在崇左下辖的宁明县境内。

3 月初的宁明，枝头的木棉花刚刚开始绽放，让人充满期待。

花山岩画，位于宁明县城西北方约 25 千米处。路不算远，但并不好走。当时，一条高等级公路尚在紧张施工中，还要跨越明江。因渡口地处遗产区，为了保护遗产区原有的山水景观风貌，不能轻易造桥，所以只能坐乡间渡船过江。

明江缓缓流过一个叫耀达的村子，猛地拐了个弯，原来往西的江水折向西北，正对着花山奔流而去，于是花山巍峨崖壁上的赭红色岩画就有扑面而来之感。当地的先民有意选择在面对江水的直立岩壁高处作画，具有极强的冲击力。

世界岩画，按其绘制方式大致可分成两类：凿刻和涂绘。左江花山岩画全为涂绘类岩画，是中国岩画在美学上和创作技艺上的巅峰之作。当时，左江流域已发现的岩画点有 89 个，共 300 组，图像总数约为 5000 多个，其中沿江分布的岩画点有 65 个。其申报世界文化遗产的 38 个岩画点自明江上游的珠山岩画始，沿江连续分布至左江中下游的万人洞山岩画止，途经宁明、龙州、江州、扶绥三县一区，河段长约 105 千米。

岩画是如何绘制在崖壁上的

只有来到宁明花山脚下，方能真切感受到花山岩画为什么以“文化景观”的名义申遗。

花山岩画所在的崖壁相对高度 270 米，南北长 350 余米，岩画最高处距江 90 余米，最低处距山脚台地约 10 米，距江面约 30 米。“最小的岩画人像约 0.2 米，正身人像高度在 0.3 ~ 2.41 米之间，但最大的人像高达 3.58 米，是前些年搭了脚手架我亲自爬上去量的。”朱秋平告诉我，“岩画的位置如此之高，画像又如此之大，如果我们站在岩壁的下方，很难看到崖壁上方的画面。可见选择这样独特的位置作画，不是为了让观看者在崖壁下方观看，而是站在距离崖壁较远的地方，或是在江面的船上，或是在正对岩画的台地上观看。可见骆越人在选择岩画位置时，已经将山川地貌纳入，对整个景观关系、视觉效果、精神感受，乃至观看的场域，以及祭祀场面等因素都进行过综合考虑。”

更让我意外的是，整个花山面对明江的崖壁呈负斜面，岩画就是画在负斜面的崖壁上。我紧贴崖壁，目测距崖顶的垂线有五六米之远。崖壁呈负斜面，等于将岩画往悬崖里

“藏”了几米，下雨的话，雨水不会直接淋到岩画上，有利于岩画的保存。骆越人的智慧不可低估！

此处，岩画距江面最高达 90 米，在别的岩画点甚至高达 130 米，骆越人究竟是如何绘制上去的呢？专家推测有 4 种可能：自下而上的攀援法、直接搭架法、自上而下的悬吊法和江水高涨时浮船法，但又认为哪一种都难度太大。很多岩画之所在，石壁光滑且呈负斜面，难以攀援；搭架更不容易，前些年为了维修岩画，搭脚手架用了几百吨铁管。

“蹲式人形”表达什么母题

站在明江花山岩画下，有目不暇接之感。岩画从东到西，宽约 221 米，高约 40 米，整个画面面积约 8000 多平方米，共有人物、犬、器具等各种图像 1951 个，是世界上最大的单幅岩画。

我仔细辨别，发现多数图案为双腿下蹲、双臂上举的人形图案。如此“蹲式人形”，在世界岩画中起源较早，分布广泛，而左江花山岩画是世界岩画中唯一一例以“蹲式人形”为基本母题的岩画。

左江花山岩画的图案中 82% 为蹲式人形，包括正身人像和侧身人像，在画面中大量地重复使用，不仅强化了该符号图案厚重与强烈的力量，也为构建高度统一的图像表达系统奠定了基础。这些蹲式人形，究竟表达了什么？

“聚居于左江沿岸的骆越人是壮族的祖先，骆越人不是狩猎民族，而是稻作部落。这些蹲式人形，与‘蛙’的形态较为接近，而‘蛙’是稻作文化的重要图腾。壮族文化尊崇蛙类，将其视为‘守护神’。”朱秋平说，“仔细观察这些蹲式人形，又可以分为正身人像和侧身人像两大类；正身人像又可分为三种，等级最低的没有任何饰物和佩刀的人像、等级较高的有 Y 字形头饰和环首刀或长剑的人像、等级最高的有隆重头饰的首领或祭师。这些正面和侧身人像透过精心构图和布局，形成一个宏大的祭祀活动的场面。”

花山岩画中呈现的铜鼓、羊角钮钟、铃和刀剑器物等图像，证明当时的社会已进入青铜时代，青铜器成为显示权力、财富和社会地位的象征。

花山岩画中出现的铜鼓，不仅是部落首领社会权力的象征，而且还是他们重要的祭祀礼器。在古代百越之地，铜鼓曾有滇系和桂系两大来源。滇系的铜鼓由云南濮人发明，流入广西。最初的铜鼓是素面的，后来有了蛙的形象和太阳芒纹。花山岩画中的铜鼓即属于滇系，由此可见，2000 多年前，我国滇桂之间已有经济往来和文化影响。岩画中的铜鼓形象，是对中国南方历史悠久，至今盛行不衰的铜鼓文化一种极具象征意义的记录。

岩画对于早期人类来说，很可能就是人类记录思想、情感、宗教乃至生活方式的图像资料，这是史前人类的一种心理需求，更是社会进步的一种表现。但花山岩画还是给今人留下太多的秘密：从公元前 5 世纪到公元 2 世纪这漫长的 700 年中，花山岩画究竟发生了哪些变化？为什么通常年代久远的岩画一般位于崖壁的下部，年代较近的壁画则位于崖壁的中部，骆越人为何“越画越高”？这诸多谜团，有待考古学家和文物专家深入考证。

何种“颜料”经千年而不褪色

花山岩画距今已 2000 余年，但图案色彩依然鲜艳，这是花山岩画留给世人的又一谜团。

对花山岩画最早的文字记载可追溯到宋代，宋人李石在

《续博物志》卷八中写道："二广深谿石壁上有鬼影，如澹墨画。船人行，以为其祖考，祭之不敢慢。"专家考证后认为，此处的"鬼影"和"墨画"，即左江花山岩画，因岩画所画的是祖先的形象，后人十分敬畏。

而明代张穆《异闻录》云："广西太平府有高崖数里，现兵马持刀杖，或有无首者。舟人戒无指，有言之者，则患病。"可见明代人相信，对岩画不敬畏者，将立遭"报应"。对花山岩画的敬畏，一直流传至今。正是这份敬畏，使得它的完整性没有受到破坏，文物价值得以保存！

每当春秋两季，只要天晴，每天中午阳光就会直射此处崖壁。但历经两千余年，岩画依旧绚烂，竟然没有褪色。而我发现，岩壁下方用红色油漆画的"2008 年水位"标志，仅仅时隔 8 年，就已经模糊不清，令人击节感叹。

花山岩画色彩为何历久弥"鲜"？原因在于这些崖壁不仅对制作岩画的颜料有非常好的吸附作用，还会发生很强的氧化作用，从而让颜料保持如新。赭红色的岩画历经两千多年，即使用刀也无法将其刮下，颜料已经与崖壁融为一体，成为山体的一部分。专家们认为，颜料的主要成分是当地常见的赤铁矿，以植物汁液为黏合剂。但这究竟是哪几种植物的汁液？它和赤铁矿又是怎么配比的？又是使用什么样的“笔”画在崖壁上的？诸如此类问题，正是文物专家们至今仍在研究的课题。

花山岩画留给世人的谜团，远比蒙娜丽莎的微笑要神秘多了。

传承 700 年，缘何忽然“消失”

我站在花山崖壁前，意外地见识到了过去只在溶洞里见过的石钟乳。只见多个石钟乳从负斜面上悬垂而下，有的尚在滴水，说明它还在持续“生长”。一个几十米长的石钟乳，大约要历经上万年的时间。

岩画是不可移动的文物，难以与日晒雨淋的自然环境相隔离，因此，保护岩画是世界性难题。花山岩画面临着多种病害的侵害，既有天然生长的石钟乳，又有崖壁开裂、苔藓和粉尘覆盖，等等。为保护这一文化瑰宝，当地请来中国文化遗产研究院、西北大学文博学院、中国地质大学、同济大学和上海德赛堡建筑材料有限公司等单位的专家联手应对这一世界级难题。从 2006 年起开始研究岩画维修保护方案，

2008 年 12 月 7 日开始搭设保护工程脚手架，直到 2015 年 5 月脚手架拆除，前后近 10 年时间，花山岩画的保护研究和三期保护工程终于全面完成。这一保护工程有效治理了岩石风化开裂给岩画带来的病害，赢得了国内外同行们的认可，并称其为具有典范性的保护工程。

可别以为这样的保护工程仅仅是时间长和投资大，工程技术人员更是投入了无数心血。就说朱秋平，还差一点丢了性命。那是 2006 年的一天，为及时发现花山岩画病害的具体方位，朱秋平爬上 25 米高的脚手架，没想到惊动了在脚手架上筑窝的大黄蜂。顷刻间，大黄蜂组成黑压压的蜂群军团向他扑过去。朱秋平当即惨遭大黄蜂“围剿”！同事一看不好，赶紧将他送进县城医院。急诊医生给他数了数，全身被蜇了 43 处，安慰他说：“你运气不错。好在蜇你的是大黄蜂，要是遇到个马蜂窝，你命肯定就没了！”

文物专家们虽然消除了岩画的病害，但他们仍在思考一个问题而不得其解：为什么公元 2 世纪以后，曾经如此辉煌的花山岩画，就再也没有新作诞生？为什么骆越人在崖壁上一代又一代画了 700 年岩画，之后突然不画了？

广西壮族自治区申遗办专家蓝日勇认为，花山岩画的绘

花山岩画所在的崖壁呈负斜面，在宽约221米、高约40米的崖壁上，共有人、犬、器具等各种图像1951个，是世界上已发现的最大的单幅岩画。

朱秋平 供图

与涂抹型的花山岩画不同，贺兰山岩画是凿刻型岩画。这是贺兰山岩画中最有代表性的大型人面像岩画“太阳神”，国际岩画界公认在全世界无数的“太阳神”岩画中，这是最能体现太阳威严和光芒四射的特征的，为华夏先民的不朽之作。 郑 蔚 摄

这架名为“卡萨翁”的巨型管风琴坐落在鼓浪屿八卦楼下的剧场内，它制造于1917年，是当时北美洲最大的管风琴，共有7451个风管和133个音栓，演奏者必须弹奏4层手键盘和一层脚键盘。

鼓浪屿管委会 供图

万寿塔是商船抵达泉州港的最重要地标，也是镇守海口、护佑商旅的精神寄托。

贾福山 摄

制是一项综合性极高的集体性工程，需要经过多道程序，包括画作地点的选定、搭建接近崖壁可以作画的阶梯或台架、采掘大量优质的颜料矿石、取得大量用作黏合剂的植物汁液、制作今人仍未见识过的画笔、培养绘画技能不俗的专职画师等。但为什么进入东汉以后，这一传统就不再继续？是因为骆越人原有的部落社会瓦解了，骆越人不再有集体祭祀活动？还是外来势力的入侵，让骆越人遭受了重挫？

花山岩画如此绚烂，岩画之谜亦如此迷人。

崖壁巍峨，江水奔流，看草木枯荣，望人间兴替。逝者已逝，来者将来。

谁来道出真相？

花山岩画的魅力获世界认同

申遗办专家蓝日勇是正宗科班出身，早年毕业于北大历史系考古专业，师从宿白、严文明、李伯谦等大师。几十年来，他先后任广西壮族自治区文物考古队队长和自治区博物馆副馆长、研究馆员，栉风沐雨，走遍了广西的崇山峻岭。

我请教蓝日勇：《世界遗产名录》有哪些具体分类？左

江花山岩画是作为哪一类世界遗产申报的？

蓝日勇说，联合国教科文组织将世界遗产分为4种类型：“世界文化遗产”、“世界自然遗产”、“世界文化与自然遗产”和“文化景观遗产”。左江花山岩画分布在我国广西崇左市宁明、龙州等三县一区境内，公元前5世纪至公元2世纪约700年间，生息繁衍于此的骆越人选择大江转弯处，陡峭岩壁的高处绘制岩画，以记录当时的祭祀场景，岩画与山崖、河流和台地共同构成了神秘而震撼的文化景观。因此，花山岩画是作为“文化景观”申遗的。

那申遗的具体过程又是怎样的？

根据联合国教科文组织的相关规定，世界文化遗产的申报要完成11个基本步骤。当然，最基础的工作是国家层面上的。首先，申遗项目的所在国必须要签署《保护世界文化和自然遗产公约》，并保证保护该国的文化和自然遗产，成为缔约国；其次，缔约国要把本土上具有突出普遍价值的文化遗产列出一个预备名单；再者，缔约国从预备名单中筛选要列入《世界遗产名录》的遗产。2012年年底，国家文物局公布了更新的《中国世界文化遗产预备名单》，共有45项，其中的“大运河”、“哈尼梯田”、“丝绸之路中国段”和“土司遗址”已申遗成功。花山岩画的申遗最早从 2003 年起步，2006 年和 2012 年该项目两次列入《中国世界文化遗产预备名单》。

具体流程来说，联合国要求缔约国按照教科文组织确定的格式和要求，填写《预备名单提交表格》，并将填好的提名表格寄往联合国教科文组织的世界遗产中心，然后正式申报。2015 年 1 月，我国向世界遗产中心（世界遗产委员会秘书处）正式提交了花山岩画的申报文本。世界遗产中心对此进行了检查和确认，并送交国际古迹遗址理事会评审。2015 年 10 月，世界遗产中心派出的专家亲临左江花山岩画现场，评估遗产的保护和管理情况。2015 年年底，世界遗产中心还首次增加了 2016 年申遗国家的专家答辩会。

当时花山岩画申遗工作的国内流程基本完成，已进入联合国推进的层面：国际古迹遗址理事会对提名材料进行审核并提交评估报告；世界遗产委员会主席团 7 名成员审查提名评估报告，并向委员会提交推荐名单；2016 年 7 月，在伊斯坦布尔举行的世界遗产大会上，由 21 名成员组成的世界遗产委员会通过投票表决，最终决定申遗项目的入选、推迟入选或淘汰名单。

按照联合国教科文组织的最新规定，一个缔约国每年只能推荐一个申遗项目。因此，每个国家的文化部门在选择本国的申遗项目时，在国内的竞争就很激烈。我请教他，为什么国家有关部门选择了花山岩画？

蓝日勇说，2016 年的中国申遗名额究竟花落谁家，在国内的竞争其实也很激烈。在国家的初选名单中，共有 11 处之多，广西自己就有两处（另一处是“兴安灵渠”），同时列入初选名单的还有厦门鼓浪屿、浙江良渚遗址、四川三星堆遗址、宁夏西夏陵等，都非常有竞争力。国家之所以选定花山岩画为我国 2016 年的申遗项目，理由非常充足：一是我国是岩画大国，在我国西南、西北、东北和东部地区都有岩画分布，但迄今为止还没有一处岩画列入世界遗产名录；二是左江花山岩画文化景观基于其独特的景观构建方式和图像表达系统，生动地描绘了自公元前 5 世纪至公元 2 世纪约 700 年间，聚居于左江沿岸骆越人的精神世界和社会发展面貌，以及该区域由舞蹈祭祀仪式、岩画绘制活动彼此交融而形成的极其繁荣、富有活力的祭祀传统。

要强调的是，我国骆越人为壮族的先祖，壮族在历史上有语言而无文字，因此壮族和壮族先祖骆越人的历史，鲜有文字记载，这符合世界文化遗产突出普遍价值的 6 条评估标准之一："能为已消逝的文明或文化传统提供独特的或至少是特殊的见证"。花山岩画不仅是骆越人的传统的独特记忆，更重要的是，它还是这一传统的唯一见证。

况且，要被列入《世界文化遗产目录》，联合国教科文组织的要求是很严格的。为此，广西壮族自治区有关部门要求相关县区、单位全面落实世界遗产中心就花山岩画申遗提出的 4 项建议，37 处原属省级文保单位的岩画遗址，都按规定落实保护措施，并报批升级为国家级文保单位。

2016 年 7 月，这个心愿终于实现了！花山岩画不仅成为迄今为止广西岩画唯一的世遗项目，而且也是中国岩画唯一的世遗项目。

下篇：贺兰山岩画，华夏先民不朽之作

看了左江花山岩画，我还必须去看贺兰山岩画。花山岩画全为涂绘类岩画，而贺兰山岩画则为凿刻类岩画。

不仅如此，贺兰山岩画的年代跨度更大。中国岩画学界认为，贺兰山岩画区虽然有部分岩画是作于 2000 年之前的，但大多数岩画是青铜时代的，有部分岩画的年代可能更为久远，是 6000 年之前甚至 8000 年之前的，还有的可能是早在 10000 年之前的。

北魏（386—534）郦道元所著的《水经注》，对贺兰山岩画也有记载和描述："河水又东北历石崖山西，去北地五百里，山石之上，自然有文，尽若虎马之状，粲然成著，类似图焉，故亦谓之画石山也。"

贺兰山，地处宁夏自治区，呈东北—西南走向，它的西侧是浩瀚无垠的腾格里大沙漠和内蒙古阿拉善草原，东面是阡陌纵横的"塞上江南"宁夏平原。史书记载，贺兰山自古以来就有多个北方少数民族在此游牧，繁衍生息。这些生活在原始或半原始状态的先民，为后人留下了极为珍贵的历史画卷。

宁夏银川市贺兰山岩画管理处的负责人告诉我，贺兰山岩画普查队从 2019 年至 2021 年 5 月，新发现岩画近 500 幅，共 116 组，这在近年来国内岩画的考察普查中是极为少见的。目前，贺兰山岩画管理处共登记在册的岩画达 2 万多幅。

人面像岩画，独特的辉煌

车过贺兰山脚下的苏峪口，再往东行，就是赫赫有名的贺兰口。

苏峪口、贺兰口，都是山口的地名，让人不由得联想起岳飞《满江红》里的名句："驾长车，踏破贺兰山缺"，贺兰山缺，正是此地。

贺兰口是贺兰山岩画最集中的所在地。贺兰口的进山处，称为"龙口"。站在龙口，可从群峰之中望见贺兰山主峰敖包疙瘩的雄姿，其海拔为3556米，比银川平原高出约2000米。全年冬季多达300多天的敖包疙瘩，雪线在阳光下闪耀着银光。

更令人惊喜的是，有股山泉正从大山里奔流而出——深秋时节，江淮流域不少河流已渐入枯水期，更何况在年降水量只有200多毫米的当地。这正是贺兰山水文地理的独特之处：降水量随着海拔而增加，山上的年降水量可达600多毫米。此泉一年四季奔流不息，每年七八月间，多有山洪暴发。南方通常是先有连日暴雨，然后河水上涨，于是山洪暴发。而贺兰山往往是山下还是晴空万里，农民只依稀听见远处深山里滚过几声雷声，洪水就猛地从山里奔涌而出，断路毁屋。

也许正是这独特的自然现象，让先民们视贺兰山为神鬼居住的神山，将贺兰口选为岩画的集中创作地。在今人的眼里，岩画代表着最原始和最古朴的艺术样式；但在当时，恐怕没有哪位先民是“为了艺术而艺术”的。因为那时的岩画，通常是作为宗教祭祀和部落纪事而存在的。据推测，在远古时代，贺兰口是一个先民集中祭祀的场所。从贺兰口往东南，是一望无际水草丰美的宁夏平原，是游牧民族和半游牧民族的宜居之地；而往山中行，地势却极为陡峭险峻，夺命的洪水不知潜藏于山中何处，会几无征兆地突如其来。于是，或崇拜神灵、或“镇住”鬼怪、或祭祀先人的岩画应运而生。也因此，当地农民祖祖辈辈流传“天黑不进山”的习俗。

果然，在贺兰口两侧的岩壁上，遍布各种岩画。既有造型和凿刻技法各不相同的人面像，也有牦牛、羊、虎等动物的图案。它与内蒙阴山、广西花山的岩画相比，有什么特殊的价值呢？

贺兰山人面像岩画共有 900 多幅，在贺兰口 11.06 平方千米保护区内就有 700 多幅，风格独特、数量集中，堪称世界岩画宝库中的稀世珍宝，具有很高的人文和科技价值。

时近中午，阳光穿过透明度极高的碧空，投射在贺兰口的石壁上。石壁就像燃着了火一样，呈橙色、暗橘黄色和褐红色，美丽无比。沿着山路拾级而上，在沟内北山约 15 米高的石壁上，赫然有一幅宽 54 厘米、长 50 厘米的大型人面像岩画。只见它环眼圆睁，威严而神圣。这就是驰名中外的贺兰山“太阳神”岩画。其圆睁的环眼代表光源，头顶的毛发和双眼上方的眼睫毛代表光芒，在其头顶上方，又有一圈刻有芒线的光环，威武壮美，十分震慑。国际岩画界公认，在世界各地无数的“太阳神”形象中，贺兰山的这幅“太阳神”岩画，是最能体现太阳威严和光芒四射的特征的，为华夏先民的不朽之作。

细心的贺兰山岩画保护人员还发现，“太阳神”岩画头顶上，象征光芒的刻槽为 24 根，而头顶的芒线为 12 根，双眼的眼睫毛线各有 6 根。这是否与古老的“太阳历”或“太阴历”有关，专家学者们还在研究中。

谁是“太阳神”的作者呢？贺兰口山体岩石为长石杂砂岩，其表面硬度为 5 ～ 6 度。在这种岩石上，用坚硬的砾石工具对其进行研磨，不停地工作 1 个小时，研磨的深度不到 1 毫米，仅有一条灰白色的印痕。而很多岩画，凿刻的线条深达 0.8 ~ 2.5 厘米。中外岩画专家均认为，这些岩画的“作者”，可能多达数千乃至数万人，而且时间跨度达数千年。

45 年前，他发现了贺兰山岩画

如此久远浩瀚的贺兰山岩画，发现的时间竟然不过 50 多年，发现者依然健在。

在银川一个新建的居民小区里，我见到了 50 多年前的发现者，如今已有 81 岁高寿的李祥石老先生。

“那是 1969 年春天，从宁夏大学毕业的我在贺兰县文教卫生科工作。4 月底的一天，我和金山公社王生兰社长骑着自行车去贺兰口生产队搞农村的‘两教（社会主义教育和集体主义教育）’。晚上，我们就住在当地的小学里。第二天午后，谈完工作，我信步向贺兰口走去。山口两侧高山对峙，峰峦苍翠，山泉淙淙，迷人的景色令我感到十分神奇。当我走进山口，突然发现南侧一块突出的巨石上，刻画了许多动物，可以辨认出的有牛、马、鹿、羊、骆驼、老虎，还有一些难以辨认的怪兽。它们有的奔跑，有的站立，动静不一，姿态各异。”

从未见识过的画面，令李祥石觉得奇妙无比。再往山里走，他看到了石壁上各种各样的人面像。有的大脑袋似乎在瞪着他，有的头上好像还有羽毛和羊角、牛角，比他曾见过的戏台上的脸谱更加怪诞。

走到S形的山弯顶头，他跨过小溪，又从北侧往外走，发现北侧的人面像更多，成片成片地分布在陡峭的山壁上，十分壮观。山崖上竟然还有实心的手掌印，左右手都有。李祥石攀上去，将自己的手贴在上面比了比，竟然大小相仿。

当地谁也说不清它们的来历和年头。直到1978年，李祥石还是从《科学知识》杂志上看到内蒙古盖山林写的介绍阴山岩画的文章，才茅塞顿开：贺兰山上凿刻的图案不就是岩画吗？

次年深秋，他终于有机会再次进山，不料当年看到的第一组岩画，在修水渠时被炸坏了，这让他痛惜不已。为了有研究贺兰山岩画的机会，他主动要求调到县爱国卫生委员会，以到当地农村搞“水改”的名义再次走进贺兰山。

1983年9月下旬，李祥石的首篇论文《宁夏贺兰山贺兰口岩画调查报告》完成，寄往北京文化部文物局主办的《文物》杂志编辑部。编辑部立即将稿件转交宁夏博物馆馆长钟侃，请他核实、审定和修改，宁夏考古界这才知道贺兰山里有岩画存在。

随后发生的一件事，让李祥石终身难忘。寄出论文后不久，他去自治区科协主办的《科学普及》主编俞杰先生家。不料遇见了读本科时的宁夏大学老师李本昭，原来李老师是俞老师的爱人。李老师夫妇俩热情地鼓励他去向自治区主席黑伯理汇报自己的发现成果，但李祥石想：人家是那么大的官，我又不认识他，就说："只要我的岩画论文能发表，就满足了。"

这时，李本昭突然用沉重的口气说："我给你讲个真实的故事吧。"

那还是 1927 年 4 月，美国洛克菲勒基金会出资 2.4 万美元资助在北京周口店龙骨山发掘化石。为此，专门从瑞典请来了古生物学家步林博士鉴定化石，中方则由年轻的地质学家李捷担任地形、地质专员兼事务主任。数月之后，他们发现了一颗人类下臼齿，似为 7 ~ 9 岁儿童牙齿。最后，这颗牙齿被命名为"中国猿人北京种"。但一年后，李捷却辞去了周口店的考古发掘，由北大地质系毕业不久的裴文中接手他的工作。李捷绝对没有想到，他离开一年多后，也就是

1929 年 12 月 2 日下午 4 点钟，就在龙骨山上发现了一个完整的猿人头盖骨，这就是 50 万年前人类祖先的头盖骨“北京猿人”。

“李捷闻讯后，因为自己没有坚持到底而与人类的一项重大发现失之交臂，从此抱憾终身！”李老师说到此处已哽咽，李祥石一时还没反应过来李老师为何如此激动。

“李捷，他就是我的父亲。”李老师泪流满面地说。

李祥石深受震撼。

“绝不能让人类重大文化遗产的重现与自己失之交臂！”鼓起勇气的他，终于敲开了自治区主席黑伯理的办公室，得到了热情的支持和肯定。贺兰山岩画由此得到了自治区政府的高度重视，普查和研究工作全面展开。李祥石本人也成为宁夏从事岩画研究的重要专家之一。

虎岩画，道出 3 万年前的贺兰山

在岩画管理处工作人员的带领下，我终于在乱石嶙峋的回回沟深处见到了他们在 2014 年发现的三组岩画。在一块长 210 厘米、宽 120 厘米的巨石上，有一组群鹿奔腾的岩画。据初步鉴定，这群鹿有着典型的“斯泰基鹿”装饰风格，其“原产地”为黑海北岸的古斯泰基王国和伊朗高原。因此几乎可以断定这是远古的游牧民族通过横亘欧亚大陆的草原地带，将它们带到了此地。

又攀上一个陡坡，在一块长 260 厘米、高 150 厘米的巨石上，见到了三组动物图案。这三组动物相互叠加，显然不是同一个年代的作品，尤其是右上方的一个猫科动物的图案，更是一个谜团。过去贺兰山岩画画虎，通常虎爪是张开的，而这个爪子明显是握住的，究竟是什么动物，目前还没有结论。

左侧的一块岩壁上，有上下两组人物的图案，上图是一个猎人拉弓射箭，这幅岩画和别处不同的是，拉弓射箭的猎手给人身披兽皮的感觉，而且这兽皮非常宽大，给人的感觉是用多张兽皮缝制而成的。这究竟是猎人为了更好地接近猎物而以兽皮制作的伪装，还是仅仅是岩画作者的“装饰性”技法，研究人员还要展开深入研究。

贺兰山的岩画中，还出现了老虎的形象。在宁夏最早的志书、明代宣德《宁夏志》，以及清代乾隆年间刻印的《宁夏府志》中，都记载着虎为宁夏 23 种兽类之一。在更早的北魏年间郦道元所著《水经注》中也写到“山石之上，自然有文，尽若虎马之状，粲然成著”，可见当时贺兰山中确有虎和虎的岩画，并非偶然，且已为当地民众关注。

1988 年 11 月，在贺兰山东麓惠农县西河桥村的第四纪晚更新世的红色砂质黏土层中，发现了古生物化石群。于是，宁夏请来了北京中国科学院古脊椎动物与古人类研究所的专家。1990 年、1999 年，宁夏文物考古研究所专家在来自北京的专家指导下，对西河桥古生物化石群进行了 2 次发掘，共出土了 52 具哺乳动物化石，其中就有老虎的化石。此外，还有大象、犀牛、野猪、大角鹿、猎豹、羚羊等动物化石。经专家鉴定，这些动物化石距今为 3 万 ~ 1.5 万年。可见当时，贺兰山及周边地区一定是气候宜人、水草丰美、植物繁茂之所在，因此才有大象和老虎出入其间。

如今有岩画的荒山野岭所在，在远古时代一定是山清水秀的地方，是华夏先民美好的家园。那时候，人和各种动物和谐地生活在一起。否则，先民怎么可能投入如此大的人力物力，年复一年地凿刻既不能吃，又不能喝，还不能用以交换的岩画呢？

据宁夏岩画管理处统计，在贺兰山岩画中，有虎岩画

24 幅，在北山岩画中有虎岩画 8 幅。可见宁夏虎岩画不仅出现的时代早，分布也较广。

科技出手，角力片状剥落

但贺兰山岩画毕竟诞生的年代久远，且是以石器或金属器凿刻而成，成千上万地暴露在岩壁之上，历经阳光暴晒、风蚀、雨蚀、盐碱侵蚀和化学病害等，保护工作刻不容缓。

在贺兰山的一些岩画的中间或四周，都有明显的裂隙，不能不令人担忧。我见到南京博物院文物保护研究所副所长、研究馆员徐飞正带领几位工作人员在山间做岩画保护工程。

他说：“我们对沟内外 2194 组、5500 多幅单体岩画进行了考察，前期的研究工作已历时 4 年。我们发现几乎所有的岩画都迫切需要保护。”

“您就是说，所有的岩画都面临着被损坏的可能？”

“是的。”他走到石崖边，指着几幅岩画说，“你看，岩画面临的主要病害是片状剥落。这里的岩石表面有一层石皮，石皮厚薄不一，薄的地方只有 1 厘米左右，石皮在大自然作用下逐渐成为风化层。由于夏天阳光直接照射在岩石上，石皮的温度远高于岩石本体，因此产生了温差膨胀；同时由于雨水冲刷，又产生了吸水膨胀，这两种膨胀导致岩石本体和风化层之间出现了裂隙。而岩画主要是凿刻在石皮上的，一旦风化层剥落，岩画也就破碎了。”

现在，当地政府已经投巨资启动岩画保护工程，该工程实施方案已得到国家文物局批准。

“根据不同的岩石膨胀，我们要采取不同的应对措施，你看到有的岩画附近贴着这些白色的点，就是我们的超声波测试点，点下面就是裂缝。我们进行灌浆修复后，再用超声波检测，看是否确实有效，这是化学保护手段。还有物理保护手段，就是植树造林，进行遮挡。”

所有的岩画都面临着雨水冲刷和烈日炙烤的威胁，沟里的岩画尚且可以通过上述两种方式进行抢救性保护，但很多岩画在山崖上，人攀登上去都很困难，怎么植树加以遮挡?

“岩画的保护是世界性的难题，”徐飞说，“为此，政府还必须有更大的投入。”

近年来，为了更好地保护贺兰山岩画，科研人员着力于解决文物本体风化病害，比如通过采用灌浆、封护、清洗、加固等措施，已对20多处风化较为严重的岩画实施了抢救性保护，并取得了一定效果。还从2019年起正式实施了贺兰山岩画数字化留存项目，通过数字化技术对贺兰山岩画进行多方式、多维度、高精度的记录。此举既能为濒临消亡的岩画提供永久留存，又能为贺兰山岩画的后续保护提供数据支撑。

目前，贺兰山岩画的全景和不可移动岩画的精确扫描已经完成，正在进行岩画的归类整理和病害的分析研究。

全球四分之一岩画或在本世纪末消失

人类在地球上生存了300万年，但用文字记载的人类历史仅有5000年。人类对自身过去的认识，主要还停留在有文字出现的阶段。在无文字年代，人类是怎么生存繁衍的？人类的喜怒哀乐是如何表达的？或者脑洞更大一点，在这一代人类文明之前，是否还有过上一代或几代人类文明？他们的文明又是怎么样的？这些问题或猜想的答案，也许就隐藏在世界各地的5000万个岩画图像里。

中央民族大学中国岩画研究中心主任张亚莎教授说，

岩画诞生的年代非常久远，在澳洲和非洲分别发现过 4 万年前和 6 万年前的岩画，岩画诞生年代尽管久远，被现代人类认识却相对比较晚。岩画的发现与研究，真正被纳入科学的视野应当是在欧洲史前考古学的创立之后。而中国虽然很早就有对岩画的文字记载，但岩画真正成为一门学科和研究领域，却在 20 世纪 80 年代中国岩画的大规模发现之后。

但岩画的保护是一个世界性难题。对岩画的破坏主要来自两个方面：一是自然力的破坏，目前保存较好的岩画大多是在岩洞中，它不受日晒雨淋的影响，而裸露在山崖上的岩画都是很难保护的；二是人为的破坏，如人类的各项工程，甚至参观者用手去抚摸或踩踏岩画，都会加剧岩画的消失。因此，一些世界岩画研究与保护的权威专家推测，到本世纪末，全球四分之一的岩画有可能会消失。

张亚莎指出：“人类的史前艺术是历史学研究的源头。全世界的岩画主要可以分为涂绘类的岩画和凿刻类的岩画：涂绘类岩画的作画工具主要是动物的胶、血和矿物质颜料，如我国广西花山岩画；而凿刻类岩画的作画工具早期为石器，后期有金属工具的参与，因此，凿刻类岩画的年代确定就比较困难，因为岩石的年龄并不等于岩石上刻痕的年龄。

目前，世界各地的岩画研究专家虽然也使用碳十四法、釉系法、微腐蚀法等多种手段来进行岩画的断代，但多有局限性，且效果不明显。”

岩画不仅断代难，释读的难度也大于人类进入有文字时代后的精神产品。因此，如果没有政府的大力支持和投入，要解决岩画的保护、断代和释读这三大世界性难题，几乎是不可能的。

从世界范围讲，全世界有七十多个国家分布有岩画，有的国家岩画数量还非常之多，如澳大利亚的岩画多达20万幅。但人面像岩画仅仅分布在环太平洋国家和地区，它们是亚洲的中国、蒙古、韩国、俄罗斯的东西伯利亚地区，以及美洲的美国、加拿大、墨西哥、阿根廷、智利等国家和地区。数据显示，在环太平洋有人面像岩画分布的国家和地区中，我国是人面像岩画分布最多的国家。那么人面像岩画的分布有什么规律？是不是从我国的南方沿太平洋西海岸跨过白令海峡，进入太平洋东海岸，一直抵达南美智利的？2014年，我们已经启动了这个研究项目，目前仍在进行中。

未来，中国哪些地区可能还会出现较为重大的岩画发现，值得我们前去观赏？

张亚莎说，“那首先就要问：今天，在中国境内什么地方依然人迹罕至以致人口密度最小？什么地方曾是古代游牧民族驰骋的疆场而现在仍未大规模开发？什么地方在人们心中犹如秘境一般仍披着神秘的面纱？这样的地区，很有可能是早期岩画资源较为丰富的地区。那么，答案无疑是：青藏高原大概是唯一的候选者。”

说起青藏高原，我知道她这位美术史和考古史专家，就像能自带氧气和阳光一样，在青藏高原的风雪中跋涉多年，花甲之年还曾深入青藏高原考察岩画，实在令人敬佩。她用睿智的目光看着我说，你大概还没有到青藏高原去看过岩画吧？现在那么多人到西藏旅游，却很少有人去青藏高原看岩画。过去，我们仅在西藏阿里地区发现岩画。近年来，考古工作者在青海和甘肃的藏区都发现了大量的岩画。截止到 2016 年，在青海玉树通天河流域共发现了 24 处岩画点、1700 多个单图图像。这些岩画分布在通天河两岸的玉树市、曲麻莱县、称多县、治多县境内，岩画的内容有各种动物、人物、建筑、工具、符号等。其中，动物岩画占绝大多数，而在动物岩画中，牦牛单体数量最多，共计 575 个，其他动物为鹿、豹、鹰、马、狼、羊等，这说明牦牛是青藏高原岩画系统中最具本土特色、最有代表性的图像类型之一。而人的坐骑主要是马，几乎不见人骑牦牛的现象。这些岩画的发现，将过去的“西藏岩画”扩展为“青藏岩画”，更重要的是，青藏岩画的发现和研究，有助于我们加深对青藏高原青铜时代先民生活状况的了解，以及对于藏族族源形成的认知。青藏岩画的风格和广西花山岩画、宁夏贺兰山岩画的风格都不一样，很值得去看呢！

走，看青藏岩画去！

鼓浪屿，国之瑰宝的独特魅力

2017 年 7 月，北京时间 8 日晚上 11 时 10 分，世界遗产委员会大会认为“鼓浪屿：历史国际社区”符合世界遗产第 2 条和第 4 条标准，亮出“全票通过”的表决结果，宣布鼓浪屿列入《世界遗产名录》，成为中国第 36 项世界文化遗产、第 52 项世界遗产。

世界遗产委员会认为，鼓浪屿是中国在全球化发展的早期阶段实现现代化的一个见证，具有显著的文化多样性特征和现代生活品质。鼓浪屿的发展是体现 19 世纪中叶至 20 世纪中叶现代人居理念的独特示范。鼓浪屿见证了世界各地不同文化和价值观之间的相互了解和共同发展的历史，为中国和其他地区不同文化的融合发展提供了参考。

当来自鼓浪屿的中提琴演奏家杨璟在克拉科夫国际会议中心大厅里奏响《鼓浪屿之歌》之时，整个厦门乃至福建已经被这喜讯“引爆”了。这份激动，源于鼓浪屿人的期待已经很久很久了。早在1995年，联合国教科文组织就曾建议鼓浪屿可以申遗，到2008年鼓浪屿正式启动申遗组织工作，再到2017年第41届联合国教科文组织世界遗产委员会会议通过，时光已经走过了22年！

30多年前，时任厦门市委常委、副市长的习近平同志来到厦门，主持编制了《1985—2000年厦门经济社会发展战略》，开启了科学保护鼓浪屿的新篇章。

鼓浪屿可不是一般小岛，据专家考证，还在三千多年前的新石器时代，就有先人在此生存。

但它早先并不叫鼓浪屿，而叫“圆沙洲”，厦门话的意思它就是个圆圆的沙洲岛。宋元时期，鼓浪屿叫“五龙屿”。“屿”，也是小岛的意思。

五龙屿的西南方海滩上有一块2米多高、中间有洞穴的礁石，正对南海，不同凡响。每当涨潮时，浪击礁石，声似擂鼓，岛上渔民称之为“鼓浪石”。鼓浪石的名声渐响，明朝时，五龙屿更名为“鼓浪屿”。

1573年，也就是明万历元年，日光岩上出现了全岛最早的石刻“鼓浪洞天”。

如今，鼓浪石和“鼓浪洞天”，已成海内外旅游者登鼓浪屿后几乎必去的“打卡”之处。

因此，鼓浪屿申遗成功，对大多数国人来说，还多少有点意外：鼓浪屿，不就是个旅游风景区吗？

鼓浪屿确实是风景区，而且风景确实很美，但如果仅仅将鼓浪屿视为“自然风景区”，那对鼓浪屿的认知还只停留在“游客”的层面。

鼓浪屿外观略显狭长，犹如一艘停泊在厦门湾的帆船，面积约1.88平方千米。岛上散布着7座花岗岩小山，生长着数千种植物，还有近1000座风格各异、中西合璧的中外建筑。其中，51组代表性历史建筑和2处自然景观和文化遗存，构成鼓浪屿世界文化遗产的最重要的53个核心要素。

“作为一个鼓浪屿人，我几乎每天都从这一座座历史建筑前走过，就如同每天在温习活的中国近代史。”厦门社科院鼓浪屿国际研究中心《鼓浪屿研究》执行主编詹朝霞说。

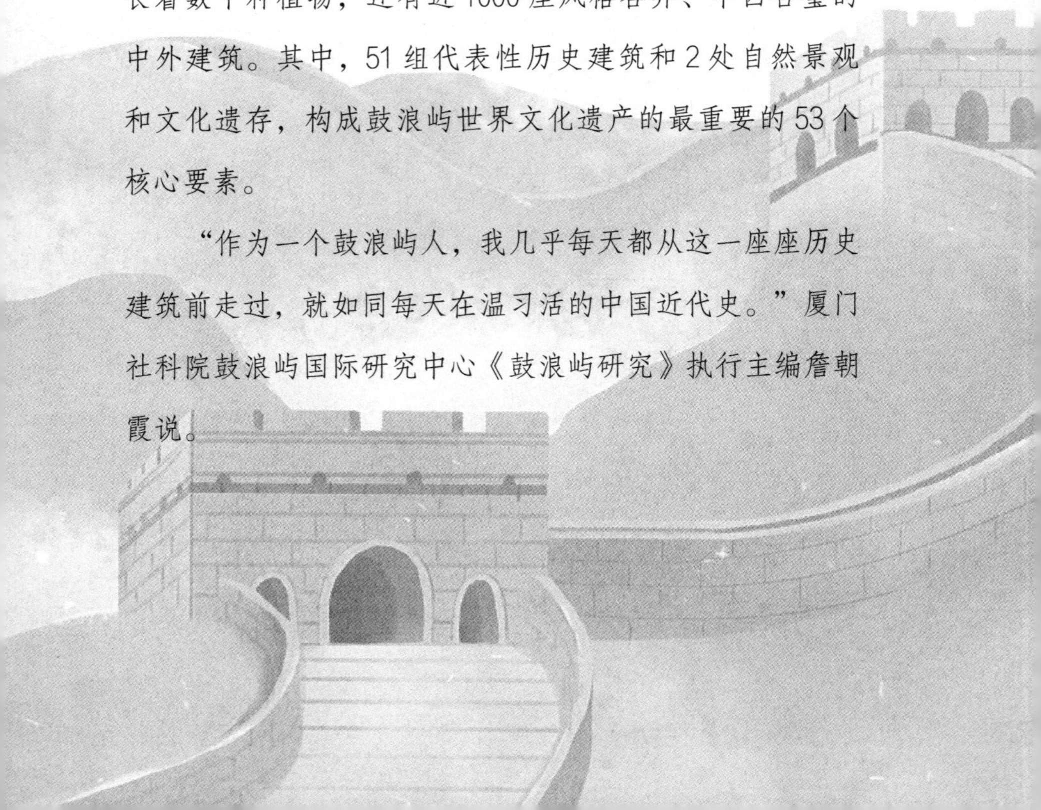

国际社区，特定历史条件下的自治体

对于今天的游人们来说，鼓浪屿是一个安详、静谧的小岛。这座小岛当得起“海上花园”的赞誉，但在近现代史上的大多数时间里，鼓浪屿是一个时代风云激荡之地。

1842 年，中英《南京条约》签订后，开放广州、福州、厦门、宁波和上海这五处为通商口岸；1843 年 11 月 2 日，厦门正式开埠。厦门开埠后，英、美、西、法、德、日、荷等国陆续在鼓浪屿设立领事馆，日本挟甲午战争打败清廷后的狂傲之势，对清政府提出了推广日本在华专管租界的要求。1900 年 8 月，日本驻厦门领事唆使日人深夜纵火焚烧了厦门山仔顶日本人建的东本愿寺。次日，预先停泊在厦门港内的日舰“和泉号”借口保护侨民，立即派兵登陆。日本企图独占鼓浪屿的野心，不仅遭到地方官绅的抵制，而且引起其他列强的关注。

面对此种局面，美国领事巴詹声向闽浙总督兼任福建巡抚许应骙提议，将鼓浪屿划作公共租界，既可杜绝日本独占的野心，又可兼护厦门。许应骙颇为踌躇，于是专门致电与他共同筹划“东南互保”的刘坤一、张之洞、盛宣怀。在李鸿章的赞同下，许应骙遂在福州分别与美、英两国领事会商相关章程。有学者认为，在当时迫不得已的情况下，清政府此举为“被动中求主动”的对外开放之举，遏止了日本独占厦门和鼓浪屿的企图。1902 年，清政府与美、英等 13 国签订了《厦门鼓浪屿公共地界章程》。该章程规定，清政府不干涉鼓浪屿的公共管理事务，但各缔约国也不能独自使用权力；鼓浪屿的审判机构是会审公堂，会审公堂是清廷设在公共地界的官方机构，适用的法律仍是中国的法律，官员和差役由清政府的兴泉永道和福建洋务总局委派，但洋人有陪审制度；在鼓浪屿设立工部局董事会，董事会成员称为“局员”或“局董”，既有洋人也有华人；进入董事会的条件是以纳税为标准，洋人在鼓浪屿财产在 5000 元以上或年纳租捐 400 元以上的，可以被选为局董，但一个公司只能推荐一个候选人。工部局每年还要公布经费使用情况。这让鼓浪屿的老百姓体验到了一种与清廷不一样的国际共管又高度自治的社会管理制度。

海外归侨，鼓浪屿近代化建设新动力

站在厦门观光码头的栈桥上遥望鼓浪屿，那独一无二的天际线魅力无穷，既有山体岩石等自然风貌，又有八卦楼等风格不同的中外建筑。随着渡船驶近鼓浪屿，巴洛克式、罗马式、希腊式的建筑也渐从绿树丛中探出身来。绿荫之下的，是闽南风格的黄氏小宗、大夫第等本土建筑。这些建筑风格各异，散落在山坡、海边的绿树丛中，幽静别致，构成鼓浪屿标志性的风景线。

鼓浪屿上星罗棋布着 1000 多栋风格各异的建筑，令人目不暇接。将这 1000 多栋建筑串联起来的是 300 多条巷子，而这 300 多条曲曲弯弯的巷子又构成了 1000 多个交叉路口。说每一个转角和路口都会带来惊喜绝非夸张：也许你遇见的是一座小巧玲珑的别墅，也许是有着 19 世纪欧陆风格的原西方国家领事馆，也许是有着中国传统的飞檐翘角的庙宇，也许是堪称江南古典园林精品的菽庄花园，也许是风格明显的八卦楼，也许是带着闽南古风的四落大厝（cuò），也许就是一片湛蓝的大海和隔海相望的厦门……

詹朝霞告诉我，“厝”是闽南特有的一种传统建筑形式，闽南人称大家宅地为“厝”。厝的基本造型，为前埕（chéng）后厝，色彩为红砖红瓦，与江南民居的白墙黑瓦明显不同，可谓明艳动人。常见的形态是“面阔三间”，整体布局是中轴线对称，意义在于以带有祭祖、敬神功能为中心的厅堂为中心组织空间，整个住宅包含家居、书斋及祭祀三要素。

19 世纪 60 年代后，外国侨民在鼓浪屿的建筑活动逐渐蓬勃起来，给鼓浪屿带来了“万国建筑博览会”的美誉。最初，鼓浪屿的城镇建设以移居岛上的外国人为主导，华人和外国人住地的文化边界较为明晰。由于 1895 年日本侵占我台湾，以台湾首富林维源、林尔嘉父子为代表的闽南籍台湾富绅定居鼓浪屿，他们也开始助推鼓浪屿的近代化社区建设。

在 20 世纪初，鼓浪屿遭受了几次台风灾害之后，一些外国侨民的建筑被毁，他们开始吸取本土民众聚落选址的经验，也在山间缓坡、谷地纵深间选址建楼，岛上中西文化之间的地理界限被打破。

今天，所有鼓浪屿的游客必去的菽庄花园，就是林尔嘉当年所建。1913 年建设菽庄花园第一期，就投资了 25 万银元。之后又 3 次扩建，占地面积达 14000 平方米。1919 年，在印尼有“糖王”之称的华侨黄奕住归国，在面积仅 1.88

平方千米的小岛上，建起了 100 多栋新式建筑，成为鼓浪屿最大的地产投资商。仅占地面积 1.1988 万平方米的“黄家花园”，就耗费了 37 万银元。返乡华侨和闽南富绅的定居，使鼓浪屿城市建设的主要驱动力由外国侨民逐渐转为返乡的华侨。

鼓浪屿由此发展形成了全国领先的近代化教育体系，从中国最早的幼儿园怀德幼儿园，到闽南最早创办的女校怀仁女学，以及救世医院附属医学专科学校、闽南职业中学等 3 所大专院校和 2 所中专学校，都创办了起来。在怀仁女学基础上创办的厦门女子示范学校，还培养出了林巧稚、黄萱等优秀的学者。

鼓浪屿还造就了一大批杰出的钢琴家和音乐家。最盛时，在这个面积不足 2 平方千米的小岛上，竟然拥有近 500 架钢琴、近百个音乐世家。可想而知，每当傍晚的时候，只要穿行在鼓浪屿的小巷中，或是在海滩边散步，你耳边伴随着椰风涛声的，一定是悦耳的钢琴声。

海外归侨还成为鼓浪屿金融发展和实业建设的动力。1921 年 7 月，在黄炎培、史量才的帮助下，黄奕住在上海开办了中南银行。开办当月，中南银行就获得了发钞权，并邀请盐业、金城、大陆等几家规模虽大但没有发钞权的银行合组准备库，联合发钞。1934 年，以中南银行为首的四行储蓄会在上海南京东路建成了当时“远东第一高楼”四行储蓄会大楼，就是后来闻名遐迩的国际饭店。

我真没想到，一直被当成上海地标的国际饭店，原来竟是来自鼓浪屿的富商参与所建！

群星闪耀，杰出人才报效中华

鼓浪屿不仅有着“音乐之岛”、“钢琴之岛”的美誉，培育了很多音乐家和钢琴家，还为国家孕育了一批教育家、科学家。他们中，有建造我国第一座近代天文台的天文学家余青松，有为现代病毒学研究起到奠基作用的病毒学家黄祯祥，有为推广中华文化在加拿大自费创办中华学院、推进中医合法化的生化博士陈慰中，有为世界考古学做出卓越贡献的剑桥皇家学院考古学教授郑德坤，有“中国现代体育之父”马约翰……他们如群星闪耀，诠释着百年来鼓浪屿人杰地灵的故事。

詹朝霞带着我来到鼓浪屿鼓浪石边上，只见凤凰树之鼓浪屿犹如一艘停泊在厦门湾的帆船，岛上有7座花岗岩小山，数千种植物簇拥着近千座风格各异的中外建筑，其中有51组代表性历史建筑以及2处自然景观和文化遗存，构成了鼓浪屿世界文化遗产的最重要的53个核心元素。

鼓浪屿鸟瞰　鼓浪屿管委会 供图

站在厦门观光码头的栈桥上遥望鼓浪屿，那独一无二的天际线魅力无穷，既有山体岩石等自然风貌，又有八卦楼等风格不同的中外建筑。随着渡船驶近鼓浪屿，巴洛克式、罗马式、希腊式的建筑也渐从绿树丛中探出身来。

下，有一尊半身铜像面对大海。

“他就是卢戆（zhuàng）章，是汉语拼音文字的先驱。”她介绍说。

卢戆章 1854 年生于福建同安；1875 年赴新加坡半工半读，专攻英文；1879 年回到厦门，寄居鼓浪屿内厝澳，时年 25 岁。19 世纪末，正当甲午战争和维新变法时期，一些爱国知识分子考虑到爱国图强就要普及教育，减少文盲；而要减少文盲，就要改变繁体字难学难写的状况，提出了“须造切音文字”的主张。卢戆章领风气之先，于 1892 年发表了第一个中国人自己创制的字母式拼音文字方案《一目了然初阶》，标志着中国人自觉进行的语文现代化运动的开始。

1905 年，卢戆章特地从厦门千里迢迢赶到北京，将经过全新修订的《中国切音字母》专程送审，请求学部推行。但官僚衙门相互推诿，让卢戆章在京足足等了一年，依然丝毫没有进展，这令他对晚清政府极度失望。因旅资告竭，他不得不黯然离京。1906 年，他于归途中路经上海，将《中国切音字母》再次修订，更名为《北京切音教科书》，分为上下两册，交由上海点石斋出版发行。该书卷首便开宗明义地写道，推行切音字有两大宗旨：一是，统一语言，有利于国民团结；二是，言文一致，有利于普及教育。所谓“统一语言”，即规定以北京话为正式通行口语；而“言文一致”，即提倡以白话文为标准通用书面语。此两点正是中国语文现代化运动的主基调和核心元件。

1928 年，卢戆章在贫病中辞世，葬于鼓浪屿鸡母山。

然而，他对汉字改革的贡献，人民没有忘记。

1958 年，国家公布了《汉语拼音方案》。周恩来总理在政协全国委员会的一次报告会上说道：“从 1892 年卢戆章的‘切音新字’开始，当时我们的许多爱国人士也都积极提倡文字改革，并且创制了各种拼音方案……在谈到现在的拼音方案的时候，不能不承认他们的功劳。”

当我们从小跟着老师念“a、o、e、i……”的时候，怎么会想到，在这汉语拼音的背后，竟有这么多“悲壮”和“深情”的故事！

詹朝霞还给我讲了一个故事：20 世纪 90 年代，当地外事部门负责接待一个外宾团队参观鼓浪屿一处老建筑。当外宾问起这个老建筑的典故时，年轻的翻译一时被这“典故”难住了，不知如何给出确切的答案。不料，在一旁扫地的一位老大妈突然停下来，用纯正流利的英语给出了清晰的答案，为陪同解了围，令外宾十分惊奇。

“正是曾经的国际社区和全国领先的近代化教育体系的建立，让鼓浪屿不少普普通通的老人有着不一般的英语功底。”詹朝霞说。

风琴和钢琴，琴岛有两座中国唯一的博物馆

乘坐轮渡登上鼓浪屿，离游客码头不远的八卦楼定是众多游客探访的首选。

八卦楼建于清光绪三十三年，也就是公元 1907 年，它有着一个红色的圆顶，堪称鼓浪屿的标志性建筑，原主人为台湾富商林尔嘉的堂弟林鹤寿。林家兄弟原居台湾，1894 年甲午海战清廷失败，翌年中国政府被迫签下丧权辱国的《马关条约》，痛割台湾给日本，台湾众多爱国人士不愿当亡国奴，愤而抛下祖业离台归国。台商林维源率子林尔嘉和侄子林鹤寿也从台湾迁到鼓浪屿居住。后以林尔嘉的字“叔臧”的谐音，于 1913 年建了“菽庄花园”，而林鹤寿则建了西式风格的八卦楼。

如今，林家兄弟分别建的这 2 栋楼可谓珠联璧合，交相

辉映。八卦楼是中国唯一的风琴博物馆，而菽庄花园内的听涛轩则建成了中国唯一的钢琴博物馆。

现任鼓浪屿风琴博物馆馆长方思特是第五代鼓浪屿人，从小受鼓浪屿爱乐氛围的熏陶，她是厦门市音乐学院建校的第一届学生。2006 年从厦门大学音乐学院毕业前，已经得到了去耶鲁大学留学深造的机会，是一位老人的建议改变了她的人生轨迹。他就是旅居澳洲的爱国华侨胡友义，热爱钢琴的胡友义已经开始筹建风琴博物馆，迫切需要懂音乐、爱音乐的年轻人。他对方思特说，你能不能留在鼓浪屿？我们一起来为家乡做点事好吗？鼓浪屿要建风琴博物馆，需要懂音乐的年轻人。

方思特就这样留在了鼓浪屿，走进了尚在筹建风琴博物馆的八卦楼。“那时，一楼是风琴博物馆，二楼是还没有迁走的厦门市博物馆，但胡友义先生捐赠的那台约 6 米高、3 米多宽，有着 1350 根音管的英国‘诺曼·比尔德’管风琴正矗立在一楼圆形大厅的中央，久久吸引住了我的目光。它于 1909 年建成，是当时中国最大的管风琴。我知道这是胡友义先生送给鼓浪屿的珍贵礼物。”她说。

如今，游客只要走进风琴博物馆，就可观赏到 70 台来自英国、德国、美国、澳大利亚、意大利和法国等国的珍品。除了大型管风琴外，它们中还有早时欧洲街头艺人使用的手提箱大小的风琴，以及之前很少见的自动风琴，甚至是古色古香带镜子的风琴，这老风琴上面的烛台都已逾百岁高龄。从风琴的分类来说，它们中有管风琴、手风琴和口风琴。所有的风琴都由早年毕业于上海音乐学院的胡友义先生捐赠。由于一楼的中央大厅位于6米高的穹顶之下，“诺曼·比尔德”管风琴演奏时乐声响彻整栋建筑的每个角落，声音格外庄严优美。

在鼓浪屿，还有一台更大的管风琴，就在八卦楼下的“鼓浪屿管风琴艺术中心”剧场内。这架名为“卡萨翁”的巨型管风琴，同样由胡友义捐赠。它于1917年制造，是当时北美洲最大的管风琴。这架巨型管风琴高达13米，宽12.5米，重35吨，共有7451个风管和133个音栓。演奏时，演奏者要弹奏4层手键盘和一层脚键盘，即使钢琴家要弹奏它也必须经过专门的学习。方思特介绍说，它比北京国家大剧院新安装的有6500个风管和80个音栓的管风琴还大。演奏时，管风琴磅礴的力度和澎湃的气势，令所有观众沉醉其中。

出了鼓浪屿管风琴艺术中心，再往南走不远处，就是菽庄花园。当年，菽庄花园的主人林尔嘉拥有了鼓浪屿的第一台私人钢琴。而如今，鼓浪屿钢琴博物馆就在此落户，历史与现实在此因缘际会。

走进听涛轩，在醒目处，有为钢琴博物馆作的《前言》，其中写道："本馆由原籍鼓浪屿的旅居澳大利亚钢琴收藏家胡友义先生提供珍藏的近百台古钢琴，展现世界钢琴发展史，以传播钢琴音乐知识，促进中外文化交流，凸现鼓浪屿音乐之岛、钢琴之乡的形象。"

胡友义先生一人捐赠了两个博物馆的藏品，真是位有情有义的爱乡人！祖籍福建永定的他，生于鼓浪屿。他出生后的第二年，"七七卢沟桥事变"爆发，在国家山河破碎的年代度过了童年。新中国成立的第二年，年仅 14 岁的他远赴海外音乐学院深造，1965 年赴比利时布鲁塞尔皇家音乐学院学习。毕业后，先在欧洲从教多年，后落户澳大利亚墨尔本。他对钢琴情有独钟，在他的"胡氏山庄"里，先后收藏了百多架世界各地的古钢琴。

20 世纪 90 年代，得知厦门市政府欲将鼓浪屿打造成音乐之岛时，胡友义十分欣喜，在夫人的支持下，决定将自家收藏的钢琴从墨尔本送回鼓浪屿，在此建一座钢琴博物馆。

1998年，胡友义夫妇与鼓浪屿区政府为此正式签订了合同。次年，一批珍贵的钢琴从万里之遥的墨尔本启程，远渡重洋，运抵鼓浪屿。2000年元月，鼓浪屿钢琴博物馆在风光秀丽的菽庄花园“听涛轩”落成。胡友义夫妇决定再度献出30台不同年代的世界名琴，其中有他自己平时弹奏的3米长“吕特纳”名琴。

走进钢琴博物馆，如同在阅读一部钢琴发展史。这里的每一架钢琴，都有着传奇一般的故事。其中，多架钢琴是“世界之最”。之前，我只知道三角钢琴，而在这里见到了四角钢琴，它由意大利作曲家、钢琴家和钢琴乐器开发商穆齐奥·克莱门蒂于19世纪初制造，据说弹奏时音响十分洪亮。通常的钢琴是一层黑白相间的琴键、2个踏板，而这里有台古钢琴有4套琴弦、8个踏板、2层琴键，且琴键“黑白颠倒”，原来它是由钢琴制造大师舒楠于1906年在德国慕尼黑制造的“舒楠”钢琴，风格独特。这里还有一台古老的手摇钢琴，以及一百年前制造出的脚踏自动演奏钢琴。在博物馆内的转角处，意外发现还陈设着一架造型奇特的钢琴，就是“直角拐弯钢琴”。钢琴整体呈现直角V字形，内外之间都是直角，琴身通体由桐木构成，其色泽鲜艳且耐腐蚀，桐木对于音调的声振频率影响极低，从而最大程度上保留了钢琴的原音。我猜测，当年，也许是为满足钢琴必须放置于房屋墙角的特殊需求，而特制了这台钢琴吧！

当今天的游客在为鼓浪屿的这两栋博物馆由衷赞叹的时候，也许没有想到，将这两处建筑物保护下来有多么不容易。在上个世纪六七十年代，鼓浪屿的很多老别墅年久失修，岛上的渔民甚至还在砍伐树木烧火做饭，赫赫有名的八卦楼当时权作一家电容器厂的厂房。直到 1983 年，厦门市委和市政府决定在此建设博物馆之时，八卦楼还被 3 个单位分隔使用，地下室住着 10 多户人家……

1985 年，时任厦门市委常委、副市长的习近平同志主持编制了《1985—2000 年厦门经济社会发展战略》，其附件《鼓浪屿的社会文化价值及其旅游开发利用》中明确指出："考虑到我国城市和风景区的建设中，能够把自然景观和人文景观十分和谐地结合在一起者为数并不多，因此很有必要视鼓浪屿为国家的一个瑰宝，并在这个高度上统一规划其建设和保护。"

鼓浪屿这座小岛，从此被提升到"国之瑰宝"这个前所未有的高度。

于是，从 20 世纪 90 年代开始，厦门市按照发展战略的指导思想，将鼓浪屿上不具备历史文化价值的工厂、机构陆续搬出岛外，腾出更多空间绿化。而全岛近千栋历史风貌建筑则作为历史文脉的载体而精心修缮，严加保护。据统计，从 1994 年起至 2000 年，厦门市政府将鼓浪屿上的造船厂、灯泡厂、玻璃厂和三塑厂等陆续搬迁。1995 年起又就地处理或搬离区属工厂 10 家。

2002 年 6 月，时任福建省委副书记、省长的习近平同志在厦门做调研时，再次指出鼓浪屿要摆到更加突出的位置，发挥更重要的作用。

没有高屋建瓴的规划和厦门人几十年的精心保养，哪来今天鼓浪屿的琴声悠扬、美轮美奂？

鼓浪屿，有着与澳门、马六甲和槟城不同的特质

认识鼓浪屿，仅仅通过历史的长焦镜来发现它的精彩，依然是不够全面的；还必须借助历史的广角镜，从更广泛的国际视野、更高的历史维度，来发现鼓浪屿在这特殊年代的

特殊价值。比如，从16世纪到20世纪的500年来，亚太地区的许多国家都经历着来自地球另一端的西方文化的冲击，在东西方文化交流的历史演变进程中，鼓浪屿有何独特的价值？

曾担任鼓浪屿国际研究中心主任的周旻说，鼓浪屿在社区管理和文化特征上具有其独特性和突出价值。鼓浪屿由《厦门鼓浪屿公共地界章程》所确定的政治管理制度，与殖民地、租界等管理模式，在领土主权、管理机制等方面存在较大差异。同时，西方多元文化因多元性而相互制约，以相对平等的姿态出现在本土居民面前。进入20世纪后，海外华侨返乡和地方精英群体共同参与公共事务管理，这不仅加强了文化的多样性，带来了东南亚文化的影响，更促进了多元文化和谐共存、相互融合，展示出华侨文化基于本土文化传统在吸收外来文化的过程中，所具有的更新能力和创造力。如此的特质形成了鼓浪屿与众不同的城市历史景观。

周旻认为，鼓浪屿与澳门、马六甲①和槟城②等亚太地区历史名城相比，有颇多不同的文化特质。虽然鼓浪屿作为

① 马六甲是马来西亚著名古城，位于马来西亚半岛西边。
② 槟城，也称槟州，是马来西亚十三个联邦州之一，位于马来西亚北部。

多元文化共同影响下的历史城镇，在时间上只有 100 多年的历史，历史跨度要远远短于澳门，但鼓浪屿和澳门展示的是两段完全不同的历史阶段。澳门历史上的繁荣期主要是 16 世纪至 17 世纪，而鼓浪屿的主要发展时期是 19 世纪中叶到 20 世纪中叶；澳门是作为典型的商贸港口列入《世界遗产名录》的，而鼓浪屿虽然也参与过繁荣一时的港口贸易，但近代以来一直是以具有近代化公共管理、服务设施的新型国际居住社区作为其重要特征的，这不仅在整个亚太地区是罕见的，而且在《世界遗产名录》上也是空白。

从 14 世纪以来，马六甲先后受到了多种外来文化的影响，既有中华文化，也有马来、欧洲、穆斯林和印度文化的影响。在马六甲，各种文化虽然和平共存，但不同文化区域的边界十分明确，各自保持着独立性和原有的文化特征。而在鼓浪屿，多种文化相互融合，都在一定程度上吸收了其他文化的影响，发展出新的形态，即一种独特的闽南移民文化。让我们至今能感受到当时的本土文化在外来文化思潮的冲击下，求新求变的渴望和努力。

槟州的历史与鼓浪屿有相近之处，同为 19 世纪建立的城镇，但槟城的公共建筑主要以宗教、军事和行政建筑为主，马六甲也有相似之处，但鼓浪屿的公共建筑在类型上更为丰富，并与社区生活联系紧密。鼓浪屿保留着数量庞大的近代居住建筑和私家花园，反映出当时不同社会阶层和文化背景的人物多样化的居住形态，完整地再现出当时的社会结构、生活方式和审美取向。

在中国近代历史上，类似相近的“国际社区”还有。鼓浪屿与我国同时期同主题的文化遗产比较，依然有着明显的不同。

在中国近代历史上，从“相对独立”的区域来说，与鼓浪屿有类似之处的是广州沙面。沙面是由珠江冲积而成的沙洲，占地面积 330 亩，与广州老城隔江而望。但广州沙面自建设之初就和广州老城保持着明确的界限，作为英法两国的“飞地”，甚至不允许华人自由进入。所以其历史建筑群虽有多种风格和样式，但几乎所有建筑均为西方人建设，很少有本地的传统文化与外来文化的交流和融合。而鼓浪屿实行的是多国侨民共同参与的公共管理机制，在一定程度上促进了 20 世纪上半叶当地乃至闽南华人和西方人的协作和共同建设，以及中外文化的交融。

在鼓浪屿，你能明显感受到当年的“海归”，对鼓浪屿近代化的发展也有不可或缺的贡献。

周旻笑着说："'海归'听上去是个新词，但实际上海外归侨由来已久，海外归侨这一群体对中国社会进步和发展的意义也非常重大。"

当年，闽南本地居民既传承着衍生自中原地区的汉文化，又吸收了当地的海洋精神，逐渐形成特有的闽南文化，其兼具对汉文化核心价值的坚守和对异质文化的开放。跨入19世纪后，大批闽南本土居民冒着生命危险，远渡重洋"讨生活"，成为早期全球化浪潮中劳力、文化、资本和信息交流的重要桥梁，逐步构建起具有时代特色的移民文化，是闽南移民文化开拓性和包容性的突出见证。20世纪后，随着还乡侨民群体会聚鼓浪屿，这一特性在不断推动社区治理、公共设施、经济和文化建设等近代化变革中得以充分体现。因此从更为广阔的视野去看，鼓浪屿从19世纪中期到20世纪中期的发展轨迹，正是在早期全球化的浪潮中，中国传统社会步入近代化历程的一个颇具特色的缩影；而作为华人精英群体的海外归侨的介入，使得这一近代化的过程有了更多的中国人的选择和声音。

虎巷 8 号，划破黑夜的一道曙光

鼓浪屿的制高点叫日光岩，顶端海拔 96 米。

相传它的原名叫“晃岩”。1641 年，郑成功来到晃岩，看到此处景色远胜日本的日光山，于是便把“晃”字拆开，称之为“日光岩”。

在日光岩的脚下，有一条僻静的小巷，没有什么名气。

鼓浪屿的老人们相传，在 1916 年农历四月的一天，一只原本栖息在厦门南太武山的老虎因天气干旱，食物短缺，泅水过海来鼓浪屿觅食。岛上随处可见居民散养的鸡鸭，按理说，老虎通常喜欢的食物是体形较大的马鹿和野猪，这时大概也是饿极了，泅渡也消耗了不少体力，于是想抓几个鸡鸭垫垫饥。鸡鸭一看老虎扑来，大事不好，于是就往巷子里四散逃命。鸡鸭当然跑不过老虎，但它们熟悉地形啊，就往房屋之间的缝隙里钻。这把老虎给气的，猛地扑了上去，这一扑，不料墙缝太窄，老虎一下子卡在墙缝之间，进退不得，不知如何是好。被追的鸡鸭一看老虎被卡得动弹不得，反而过来围观，这下动静闹大了。最先赶来的是鸡鸭的主人，发现竟然是老虎上了鼓浪屿，这还了得，立马报警。工部局的巡警接警，赶紧端着枪赶来，但抓又不敢抓，放也没法放，那时可没有保护野生动物的观念，于是商量来商量去，最后巡警只能用枪把老虎打死了。

从此，小巷得名“虎巷”。

这也成为鼓浪屿曾有华南虎出没的证据。

谁也没想到，十多年之后，1930 年，虎巷真成了藏龙卧虎之地。一批批外地来的二三十岁的年轻人租下了虎巷 8 号。他们深居简出，在虎巷 8 号演绎了一幕惊心动魄的共产主义理想的壮歌。

那年 7 月，中共福建省委机关租用了厦门中山公园北门附近的一座民房，但机警的地下党人忽然发现，楼下住进了一个可疑的房客。经查，此人竟然是国民党厦门公安局的侦探长。省委书记罗明于是果断决定悄悄撤离，让刚从闽西调来工作的曾志到鼓浪屿上找一座比较隐蔽的房子做省委机关所在地。

曾志那年才 19 岁，但她 15 岁就加入了中国共产党，上过井冈山，参加过黄洋界保卫战，已经有了一定的革命斗争经验。她接受任务后，上鼓浪屿看了好几处房子，发现虎巷 8 号楼上有一个天台，视角较为宽广，便于观察周围情况，附近还有很多小巷与其相连，一旦有情况，便于疏散撤离，此处适合做地下省委机关。她就自称是西药店老板的媳妇，老公来厦门做生意，要租用二楼。楼下由房东婆媳二人自用，媳妇在岛上开家杂货店，双方就谈妥了租房事宜。于是，1930 年 8 月，中共福建省委机关就搬进了虎巷 8 号。

虎巷 8 号二楼有七八间房，住进了省委机关 10 个人，对外以“三兄弟”相称。曾志在回忆录中说：“我们称罗明为堂兄，称省委秘书处处长黄剑津为弟弟。”此外，还有省委秘书长杨适、组织部长谢景德、宣传部长李国珍、刻写钢板的梁云鹏和高大安等人。为了让外人看起来像个商人家庭，还调来了中年妇女党员郭香玉来做“佣人”，负责做饭洗衣，她 13 岁的儿子黄业章则成为省委的小交通员，每天往返于鼓浪屿和厦门之间，将省委的指示送到指定的交通站。

不久，上级党组织从漳州石码调来一个叫谢小梅的女同志做省委秘书处工作，与罗明假扮夫妻。谢小梅原在石码电话公司做话务员，1930 年 6 月，同在石码的地下党员、她大哥谢仰周被捕牺牲，谢小梅逃出石码，组织遂将她安排到省委机关工作。之前，罗明曾组织营救了关在厦门监狱的她二哥谢仰堂。她对罗明一直十分感激。来到虎巷 8 号后，经曾志牵线，两人结为伉俪，买来糖果点心在用作油印间的地下室秘密举行了“地下婚礼”。

为什么当时党中央这么重视厦门的地下工作？厦门市博物馆专家陈艳茹介绍说，当时设在上海的党中央与闽西苏区红四军之间的情报都要经过厦门中转传递。1929 年时，地下党的密信是用饭汤写在纸上或布上，读的时候用碘酒一涂就显现了出来。后来这一密写技术被敌特破获。党中央又使用了新的密写技术。闽西红四军的密件都用密写药水写于衬衫或字画或手绢，以及线装书的反面，通过福建省委转送上海党中央。谢小梅因此常去龙头路布店买来白布，用药水将密件写在白布上，然后重新包装，再由交通站送往上海。

1930 年 12 月，党组织决定调蔡协民主持省委军委工作，于是蔡协民曾志夫妇撤离虎巷，迁居鼓浪屿福州路 127 号。之前，共青团福建省团委代理书记董云阁已在鼓浪屿三明路 17 号秘密开展工作，福州路 127 号成为地下党在鼓浪屿的第三个秘密居所。同月，由原省委军委书记王海萍、梁惠贞夫妇接任罗明夫妇的工作，入驻虎巷 8 号，而罗明、谢小梅夫妇则奉命调离厦门。曾志曾回忆说，那时她每天上午扮作家庭主妇上街买菜，去鼓浪屿黄家渡码头与省委机关的小交通员黄业章交换情报。

1931 年 3 月 25 日下午 2 时，虎巷 8 号突遭国民党特务搜查破坏，代宣传部长李国珍、梁惠贞和郭香玉等 7 人被捕，外出办事的代理省委书记王海萍和交通员黄业章幸免于难。

被捕的 7 位同志被关进厦门公安局拘留所，他们坚贞不屈，在敌人的严刑拷打下没有泄露党的任何机密。1931 年 5 月 1 日凌晨，梁惠贞、李国珍、林树根和郑裕德四人被国民党特务押往厦门禾山郊外杀害。临刑前，已怀八个月身孕的梁惠贞把手表扔给刽子手，大义凛然地说："拿去吧，我为信仰而牺牲，是死得其所。请对我的脑袋开枪，不要伤害我的孩子。"

被捕的省委秘书长杨适被作为要犯押送南京，于 5 月 23 日在雨花台惨遭杀害，就义前，他毫无畏惧，大声正告敌人："你们任意屠杀，也杀不了继我而起者，尚复大有其人！"

一直以"佣人"身份对外的郭玉香被捕后，满嘴的牙齿都被行刑的特务打掉了，鲜血淋漓，但她机智地始终以龙岩话回答敌人的审讯，坚持说自己只是来做佣人的不识字的农妇。敌人将她关押了一年多，依然找不出任何破绽，只能将她当作佣人释放了。于是，她独自一人步行数百里，一路乞讨回到长汀，找到调到此处工作的罗明夫妇。在邓颖超的安排下，她在中央苏区参与照顾老同志的工作，并与中央苏区的中央政府秘书长谢觉哉结为革命伴侣。红军于 1934 年秋开始长征后，她因少时缠足，不便行军，服从组织的决定留在福建龙岩坚持游击战争。1940 年 9 月，她不幸被反动派抓捕后惨遭活埋，壮烈牺牲。

正是被捕同志的坚贞不屈，守口如瓶，设在鼓浪屿的福建省委军委机关和共青团团省委机关才均未被破坏。1931 年 4 月，省委军委书记蔡协民、曾志夫妇和团省委书记董云阁也分别从鼓浪屿安全撤离。

如果您有机会去鼓浪屿登日光岩，别忘了拐进虎巷，去虎巷 8 号看看，去告慰曾在此出生入死的英灵：你们的壮志凌云和流血牺牲，我们永远不会忘记。

鼓浪屿，百年天风海涛中，写下了多少激荡人心的故事！

泉州，见证宋元时期的中国大航海时代

2021 年 7 月 16 日晚上，第 44 届世界遗产大会在夜景迷人的福州市拉开帷幕。这是一场特殊的世界遗产大会，因疫情原因，除了大会开幕式，其他议程均在线上进行，这也是联合国教科文组织首次以在线形式审议世界遗产议题。

7 月 25 日，喜讯从世遗大会传来：中国世界文化遗产清单再添一颗璀璨明珠——世遗大会通过了“泉州：宋元（960—1368）中国的世界海洋商贸中心”项目的审议，该项目成为我国第 56 项世界遗产，其所包含的 22 个遗产点涵盖了社会结构、行政制度、交通、生产和商贸诸多重要文化元素。这表明，在 15 世纪末到 17 世纪的人类大航海时代到来之前，中国就开创了属于中国的大航海时代，为世界海洋贸易做出了重要贡献。厦门大学庄为玑教授认为：“汉唐时期，中外通商依靠西部的‘丝绸之路’；唐天宝之乱以后，陆路不靖，才改为海路交通。泉州，因此成为当时我国沿海的四大海港之一，成为海上丝绸之路在中国的起点。”

如今，泉州还有哪些珍贵的历史文化遗存仍在讲述当年的辉煌？宋元时代的海上丝绸之路，又给当时的世界和中国带来了什么？

“泉州人稠山谷瘠，虽欲就耕无处辟；

州南有海浩无穷，每岁造舟通异域。”

北宋诗人谢履的这首《南泉歌》，上联概述了自古以来泉州人多地瘠、经济无更大发展空间的窘困状况；下联则描述了宋时泉州百姓以刺桐港为依托，广造舟楫，勇闯“深蓝”与海外广为通商的盛况。

倘若我们了解了泉州乃至福建省的地理特点，就不难理解谢履的诗句。福建全省面积 12.4 万多平方千米，陆地海岸线长达 3700 多千米，闽中有戴云山，闽西、闽北有武夷山，全省丘陵山地面积占 8 成以上，民间素有“八山一水一分田”之说。海岸地带以 8 千米至 25 千米幅度镶嵌在全省的沿岸。泉州一带的平原虽土壤较肥沃，但戴云山脉横卧泉州北部德化县境内，其主峰高达 1856 米，为福建第二高峰，令泉州地形地貌呈西北高、东南低的特点，以致“虽欲就耕无处辟”。

山高林密，不仅使可耕地减少，且山路崎岖，令福建与相邻的江西、浙江和广东之间的陆路交通必须翻山越岭，极为不便，这让海运和水运的优势得以凸显，因此《山海经》云“闽在海中”。

大山，亘古以来就是泉州人不动的根基；而大海，则自古就寄托了泉州人“向海而生”、“脱贫致富”的向往。

如果说，在南宋之前，向海谋生还多是民间自发的选择，则宋高宗南渡之后，开拓海外贸易成了南宋王朝的“顶层设计”，自上而下作为国策予以全力推进，痛失半壁江山的南宋开启了以重商主义为特征的大航海时代。

祈风石刻，现存唯一有关航海的国家祭典石刻文字记录

出泉州城区，向西北方向行 7 千米，来到晋江中游金溪北岸，可登泉州名山“九日山”。其山色苍翠，以“山中无石不刻字”而著称，山上宋代以来的石刻有 78 方之多。尤其是分布在东西两峰的 10 块祈风石刻，为公元 12 世纪至 13 世纪泉州地方政府主持航海祈风祭祀活动的石刻文字记录，也是现存唯一的古代政府有关航海的国家祭典的石刻文字记录。

公元 10 世纪至 14 世纪的中国宋元时代，泉州已成为世界海洋贸易网络东端高度繁荣的商贸中心，以“Zaytun（刺桐）”之名闻名天下。南京大学历史学院贺云翱教授说，泉州位于古代中国海上丝绸之路的“东航道”和“南航道”中位，在“风帆贸易”时代，泉州夏季盛行东南风，船舶可乘风北上明州或朝鲜、日本；冬季则盛行东北风，船舶可南下东南亚。且因需等待风向转换，泉州还承担起了两个航道之间货物中转枢纽港的功能。这说明，祈风的时间是根据船舶按信风规律的航海事件来确定的。因此，当时泉州“岁两祈风”，通常于农历夏四月“祷回舶南风”，而于农历冬十一月前后

“遣舶祈风”。

祈风在民间其实早已有之，民间祈风究竟起于何时，尚不见明确文字记录。我国东南沿海民间祈风活动产生很早，早在唐末五代之前。但九日山所记载的航海祈风祭祀仪式，却是官方主持的活动，与民间活动性质不同。这一变化的根本原因，是因为南宋时国内经济重心南移，泉州一跃成为我国南方最重要的世界海洋贸易大港，与世界百多个港口通航。祈风是宋代泉州守土之臣每年必须举行的“祀典”，也是主管海外贸易的市舶司的职责之一，目的就是敬祭海神，祈求赐风平安，欢迎蕃商来泉州贸易。

市舶司，或为中国唯一古海关遗址

市舶司遗址位于泉州古城南部晋江沿岸，是宋元朝廷设置在泉州专司海洋贸易事务的行政机构。它的位置在鲤城区内水门巷竹街南熏门（水门）遗址西北，西到水仙宫，东到三义庙，北到马坂巷洪厝山。在修复的水仙宫旁，有一块龟裂的石碑，上书“宋泉州市舶司遗址”。市舶司始置于北宋元祐二年，它的设置标志着泉州正式成为开放的国家对外贸易口岸。

市舶司初建时位于泉州城外，13 世纪因城市拓展而纳入城中。当时，泉州城南水门沟渠纵横，远渡重洋而来的“番人”溯晋江入城，要换乘轻舟，划入水门关口，到岸上的“海关”——市舶司报关纳税，“番舶”方可进港卸货交易。泉州市舶司执掌福建诸港近 400 年，直到明成化八年（1472 年）市舶司才移至福州。如今，广州、杭州的市舶司遗址俱已湮灭，唯有泉州市舶司遗址重见天日，它或是我国唯一保存下来的古海关遗址。

2019 年，中国社会科学院考古研究所考古队，在此处发掘出土了侧面戳印有“（监）造市舶亭蒲（寿）（庚）”“……舶亭蒲（寿）……”的文字砖，证明这里确为市舶司遗址。宋代通过海路与泉州有贸易往来的国家和地区相当广泛，在南宋中期常到泉州贸易的国家和地区就有 31 个。

市舶司的设立，满足和推动了宋元时期海外贸易的大发展，为宋元朝廷带来十分可观的财政收入。为了鼓励海外贸易的发展，宋时推出了一系列保障外商合法权益的法律法规。规定地方官员若发现有遭遇海难的外商船舶漂至境内，有责任打捞，并将保全的货物登记在案，日后交还货主及亲属，凡冒领、盗取、诈骗这些货物的，将被法办治罪。

宋时，泉州等地市舶司为鼓励外商前来贸易，还有一项重要的仪式，就是“犒设蕃商”，该经费由朝廷拨付。祈风仪式作为官方祀典，外商和本地商人均不参与，而“犒设蕃商”的主要对象则是外商，“以示朝廷招徕远人之意”。

我们不妨想象一下，当年“外轮”（番舶）的货主和船长们从泉州市“海关”（市舶司）举办的欢送晚宴上归来，心情何等喜悦，上了“外轮”后一定想：赶紧启航，平平安安地回家乡，装满货物再来和宋人做生意！

泉舶“福船”，一艘船运力抵 700 头骆驼

在泉州开元寺内的“泉州湾古船陈列馆”，有一艘1974 年考古人员在泉州后渚港发现的宋代沉船。泉州是宋元时代的中国海上航运中心，而世界上哪个航运中心竟然会没有发达的造船业相佐呢？

宋元两代，我国造船航海技术达到了相当高的水平，北宋《太平寰宇记》记载的泉州土特产中就有“海舶”一项，《诸蕃志》中称之为“泉舶”。这艘宋代沉船，底部结构呈

尖形，船型为小方头阔尾，整体短肥，适于远洋运输，泉州民间称之为“福船”。它长约30米，为可载货200吨的中船，载货量抵得上700头骆驼的总负重。这就不难理解，为什么海上的丝绸之路会如此兴盛地发展起来。

泉州造的“福船”有什么特点呢？

它的船头是小方形的，上方下窄，船头两边还装有2个船眼，叫“龙目”，龙目之下画有水波纹，船航行时犹如龙头在水面跃动，非常传神。而船尾上部宽阔，下渐收敛为狭，且有漂亮的彩绘。它的船型宽度大而长宽比小，水平看来呈略扁的椭圆形，可谓“短而肥”，从船的正面看去，船体呈“V”字形，这样的造型有利于船的平稳性。

说到泉州的船，自然不能错过马可·波罗。他于元世祖至元二十九年（1292年）来泉州旅游，在游记中讲到中国船只的特性，在出土的这艘宋船上竟然一一得以验证：“若干最大船舶有最大舱十三所，以厚板隔之，其用在防海险，如船身触礁或触鲸而海水透入之事，其事常见……至是水由破处浸入，流入船舶。水手发现船身破处，立将水舱中之货物徙于邻舱，盖诸舱之壁嵌甚坚，水不能透。然后修理破处，复将徙出货物运回舱中。”出土的泉州宋船设有12道由杉木制成的舱壁，将船分割为13个货舱，边缝榫接处填充有麻丝桐油灰制成的捻料，它受到氧化与聚合反应后形成一层漆膜，与石灰调和后会发生化学反应，会有很好的隔水填充作用，保证船体的水密性并减缓铁钉等金属构件的锈蚀。水密舱的重要作用，在泰坦尼克号的海难中得以印证：如果泰坦尼克的水密舱能有效隔离冰川撞击造成的船身破损处，一场旷世海难可以避免！

当然，岸上的人看船，最醒目的是看船帆。泉州人造的海船以三桅为多，并将风帆做得特别高，以便在风小的时候仍可有效地得到风力的“助推”。宋船还采用了“可眠桅”技术，就是航海时高高竖起桅杆，而进入江河时放倒桅杆，以便穿越河道上方的桥梁，可见宋船那时就充分考虑了“江海联运”。

外人不知道的最重要的“秘笈”，深藏在“福船”的船底——船底是尖形而不是平底的，这主要是因为东南沿海海岸曲折，海道深宽，船底尖较适合在这样的航道条件下行船，吃水深给船体带来了较大的稳定性，遇到对船舶来说最危险的横向风袭来时，横向移动较小，便于破浪前进而不影响航速。船底内装有人字形肋骨，又称为“抱弓”，通常为50

厘米一根，以增强船体的强度。在船的吃水线以下的船底板外表涂有一层石灰水，以防止海水腐蚀，是一种既经济又防腐的办法。

专家们对出土的宋船深入研究后还发现，造船师傅对木材的选用十分精心，根据所处船体部位和功能的不同，选用不同材质的木料。船的龙骨不是一整块木料，而是由松木和樟木构成，松木粗壮且韧性好，用于主龙骨，其头尾则采用“直角同口”的榫合方式连接坚实、耐腐蚀的樟木，紧邻龙骨的船壳以及肋骨也用樟木连接，而船侧板、船底板、舱壁板则选用材质轻、入水则胀的杉木，水密性能好。

马可·波罗对泉州港有精彩的描述：“我们来到了一个很大很繁华的刺桐城。这里是海港，所有印度的船皆来到这里，载着极值钱的商品，许多贵重的宝石和许多又大又美丽的珍珠……假如有一只载胡椒的船去亚历山大港或到信奉基督教诸国之别地者，必有一百只船来到这刺桐港。”

《马可·波罗游记》发表后，难免受到世人质疑。尤其是他将泉州港称为“东方第一大港”，自然有人不服。有个英国人认为：“中国女人裹小脚，来自西方的马可·波罗竟然没有写过中国女人裹小脚，可见马可·波罗根本没有来过中国”，这听上去好像是个质疑马可·波罗是否真来过中国的有点站得住脚的理由。但《马可·波罗游记》中说，泉州的船壳板是个多层板结构。在此之前，没有一个泉州人这么说过，有谁相信这是真的呢？直到 1974 年泉州后渚港发现了这艘宋代沉船，考古学家大吃一惊：这艘“福船”船身真的是由 3 层木板钉成的！

宋史研究者吴钩认为，宋人造船技术在当时海内外堪称“首屈一指”，多桅帆、平衡舵、水密舱等技术已经广泛应用，造出来的海船“大者五千料[1]，可载五六百人；中等二千料至一千料，亦可载二三百人”。正是高超的造船技术，才让当时宋朝的商船经得起西太平洋和印度洋的惊涛骇浪，才得以进入波斯湾和红海，最远抵达非洲东海岸。

陶瓷铁器宋钱，远渡重洋“四夷共用”

如果我们想知道宋元时期，泉州港为何如此繁华，番舶

① 料：宋时船舶载重计量单位，一料等于一宋石，相当于今天的 60 千克。5000 料，即载重 300 吨。

归航、宋船出海，船上究竟装载着何种畅销海外的货物，那不妨去走访一下安溪县青阳下草埔冶铁遗址、金交椅山磁灶窑址和德化窑址。青阳下草埔冶铁遗址是宋元时期泉州冶铁手工业的珍贵见证，与泉州的陶瓷生产基地共同显示出宋元泉州强大的产业能力和贸易输出能力，是体现世界海洋贸易中心出口商品生产的代表性遗产要素。

安溪县青阳下草埔冶铁遗址位于泉州西北的戴云山中。穿过安溪县城，再往西北方向走，来到尚卿乡青洋村，就可见到“青阳铁场”遗址。整个遗址区域大约为10000多平方米，目前挖掘约2000平方米。经考古挖掘，一处有6座冶铁炉的冶炼遗址和3处房址遗址已清晰可见。在冶铁遗迹周边还有一古矿洞、一段古道，以及一座冶炼提供薪材的山地，该遗址清晰地展现了“采矿—冶炼—锻造”系列冶铁手工业的上游环节。

史书记载，北宋咸平二年（999年），官方于安溪设置青阳铁场，由此开启了一段历时500年的“炉火照天地，红星乱紫烟”的冶铁盛景。“泉州青阳铁冶大发”，以安溪下草埔遗址为代表的冶铁作坊，与晋江下游的铸铁、铸钢冶炼作坊，共同构成了泉州完整的冶铁业生产链。铁、铁器、铁块、铁鼎等各种铁制品从泉州港出发，行销世界。据《岛夷志略》记载，泉州海船行商涉及海外地名 200 余处，将铁制品作为贸易商品的国家或地区共有 48 个。

“海上丝绸之路”的兴起，让宋元外贸产品的种类和数量都与汉唐途经中亚西亚的“丝绸之路”有了很大的不同，瓷器、铁器等不便陆路运输的大宗产品逐渐超过量轻价高的丝绸而远销海外。

在泉州世界文化遗产的 22 处代表性古迹遗址中，有磁灶窑址（金交椅山窑址）和德化窑址（尾林 - 内坂窑址、屈斗宫窑址），可追溯到宋元时期泉州制造瓷器、远销海外的历史，值得一看。

磁灶窑位于泉州城西南 16 千米的磁灶镇，是泉州城郊规模最大的一组古窑址。这里是紫帽山南麓的丘陵地带，瓷土资源丰富。考古专家发现，此处有宋元时期窑址 12 处，均分布于晋江支流九十九溪两岸的小山坡上。磁灶窑出土的陶瓷多为青瓷、酱釉瓷，釉色丰富。胎质呈灰色，夹砂。早期磁灶窑的工艺较为粗糙，在古朴的造型和单调的釉色之下，蕴含着独特的审美价值。其器型多以执壶、罐、瓶、盒、碗、盘、碟等日用器皿为主。发展至宋晚期及元代，一位泉州老人告诉我，泉州叫鲤城，是因为地形像鲤鱼。传说，邻城永春则像一张大渔网，永春人比泉州人善于经商，泉州人辛辛苦苦出海打渔，而永春人来泉州买鱼贩鱼，最后总是永春人获利更多。这令泉州人心有不甘，后来决定在泉州开元寺的东西两侧，建两座高塔，作为刺破渔网的象征，从此泉州人才得以平安。当然，这只是民间“戏说”的传闻而已。

开元寺是宋元时期泉州规模最大、享有最高官方地位的佛教寺院，反映了当地的多元文化。 陈英杰 摄

开元寺双塔是中国最大仿木楼阁式结构石塔，均为五层八角。东塔高48米，西塔45米，结构均为塔心柱式，抗震性极强。每塔塔身各面浮雕佛教主题造像计80方，双塔总计160方，其中仅44尊为中国人形象，另116尊均为外国人形象。

磁灶窑接受了浙江龙泉窑的技术工艺，发展出青釉器的褐彩装饰，制作出酱褐釉器，使其成为几乎与青瓷比肩的产品，此外还引进了磁州窑的低温黄绿釉。如果说德化窑以白瓷名扬世界，那么宋元鼎盛时期的磁灶窑则以绿釉独步天下，其“施半釉”或“施釉不到底”的技法，又对日本黑釉碗碟杯等食器产生深远影响。

德化窑址位于德化县三班镇西北，窑址分布于上寮溪的南北两岸，面积约 1.22 万平方米。专家在考古中认定，该遗址是我国首次在一个窑址中发现 4 座横跨宋、元、明、清四个朝代，拥有龙窑、分室龙窑、横室阶级窑等窑型，在一个窑址就能够感受近千年陶瓷烧制的发展史，十分难得。宋元时期德化窑的产品以青白瓷、白瓷为主。器型多以碗、盘、盒、洗、执壶、军持、瓶等日用器为主。在制作过程中流行刻花、划花、模印等多种装饰手法，盛产高足杯、粉盒、军持、壶、花瓶、碗等产品。

在印度尼西亚等地至今仍保留使用德化出产的大口碗的习俗。在海运中，瓷器还是理想的压舱物，故受“番舶”、“泉舶”的欢迎。福建北部出产的黑釉瓷、江西景德镇和浙江处州等地的名窑瓷器，也经由泉州港汇聚出海。目前在东亚、东南亚、南亚、西亚和东非等地区，德化窑和磁灶窑的瓷器在东亚、东南亚、南亚和东非等国均多有出土，并发现于“南海一号”、“华光礁一号”、韩国新安沉船、印尼爪哇沉船、菲律宾吕宋沉船、马来西亚丹戎新邦沉船等沉船遗址中，证实德化窑和磁灶窑的瓷器都是海外贸易的重要外销产品，也为宋元海洋贸易留存下了珍贵的产业记忆。

吴钩认为，宋元时期，番舶来宋，所载番货多为香料、象牙、犀角、珍珠、皮货、胡椒等天然产品，而宋朝海商则以陶瓷、铁器和棉麻丝绸产品等手工业制品居多，这是发达经济体与落后经济体之间的贸易结构。

由于宋时海外贸易的发达，宋代钱币大量外流，宋史学者王曾瑜先生估计，南宋时每年流往海外的铜钱约为 10 万贯至 20 万贯，相当于年铸币量的一半，以至于国内一度出现“钱荒”。宋人张方平说：“钱本中国宝货，今乃与四夷共用。”从东北亚、东南亚、印度、非洲出土的大量宋钱来看，宋钱确实是当时这些海外贸易国之间流通的“硬通货”。

塔－码头－桥，构建泉州海陆复合运输网络体系

在泉州列出的22处世界遗产项目代表性古迹中，涉及桥梁的竟有3处之多：洛阳桥、安平桥和顺济桥遗址。这让人多少有点疑惑：泉州不是宋元时代海上丝绸之路的起点吗？那最重要的不就是海船吗，为什么连接陆地的桥这么重要呢？

其实，桥在泉州的重要意义，就是“国际海运码头”和“经济腹地”之间的重要连接。泉州有座“国际海运码头”，位于泉州古城东南17千米的石湖半岛西岸，叫石湖码头。石湖半岛三面临海，其西侧为一半月形海湾，不仅是避风良港，而且正对着晋江和洛阳江交汇的出海口，对内可直通双江，对外扼守泉州湾主航道。而六胜塔位于石湖半岛北端的金钗山上，是一座仿木楼阁式石塔，始建于宋政和年间（1111—1118）。该塔与主航道遥遥相对，是商船经泉州湾驶入晋江、洛阳江沿岸内河港口的重要地标。六胜塔塔身用花岗岩砌筑，为五层八角楼阁式塔，通高约36米。而再由泉州湾往外海，最具地标性的建筑为万寿塔。万寿塔位于泉州城东南方向20千米的宝盖山山顶，是一座仿木楼阁式石塔，由

僧人介殊建造于南宋绍兴年间（1131—1162）。宝盖山海拔210米，是泉州湾一带的最高峰。这里控扼泉州湾与外海交界处，古人风水思想认为这里是泉州的“水口”，在此建塔可以锁住水口以保平安。万寿塔建于宝盖山的制高点，故又称关锁塔。万寿塔、六胜塔和石湖码头，三者均为世界遗产项目代表性古迹，体现了宋元泉州由海港码头、导航塔等共同构成的“国际海运码头”运输体系。

外海驶来的番舶在万寿塔、六胜塔等导航地标的接续指引下，先抵达石湖码头，再将蕃货转运至泉州古城东南，晋江北岸的江口码头，然后进入泉州的水陆交通转运系统，走陆路或北上福州、明州（今宁波）和临安（今杭州）；或南赴厦门、广州，靠的都是泉州的一座座石桥。

宋代泉州石桥的布局，都与海外交通紧密关联，许多大型石桥，有的建筑在陆路交通的干线或江河的渡口处，有的靠海，甚至伸向海湾，直接建在海舶停靠的码头附近，不仅密切了港区、码头和泉州市区的联系，完善了泉州自身的海陆联运，而且还成为泉州与内陆腹地的交通枢纽。据统计，自唐至清，泉州本府及所辖5县建有石桥478座，其中139座有名称、地址和事迹可考的大中型石桥是在宋代建的。洛阳桥、万安桥是其中出色的代表。

洛阳桥，又名万安桥，位于泉州城东北方向约 10 千米的洛阳江入海口处，至今仍是泉州不容错过的胜景。它横卧在洛阳江的入海口上，气势恢宏。其原称万安桥，于北宋皇嘉年间（1053—1059）建成。桥体现存全长约 731 米，桥宽约 4.5 米，主体桥段为 47 孔，有 45 座石礅，是我国桥梁史上第一座永久性多孔式跨水长桥，开创了在江水入海口上造桥的先例。该桥是泉州北上福州的交通枢纽，在此桥未建之前，此处“水阔五里”，“每风潮交作，数日不可渡”。这时如要从泉州去福州，不得不由城北出朝天门，翻越朋山、白虹山，行走于高山峻岭间的羊肠小道，经仙游方可抵达。而万安桥建成，“以三千六百尺之石斗空而行，为千万年履海之康庄”，“去舟而徒，易危为安，民莫不利”。

安平桥则位于泉州城西南方向 30 千米的晋江安海镇与南安水头镇交界的海湾上，是泉州与其南侧的漳州、广州等地区联系的要道。因桥长五华里，俗称“五里桥”，为中国现存最长的跨海梁式石桥。它建于南宋绍兴年间（1138—1152），桥长约 2255 米，桥面宽 2.9 ~ 4 米，条石铺就，两侧护以花岗岩栏杆。共有石砌桥墩 360 座，有长方形、单尖船形、双尖船形等式样。桥墩之间横架巨型石板作为桥面，石板长 5 ~ 11 米。安平桥的建造吸取了洛阳桥的建桥方法，又有所创新，运用“睡木沉基”的方法，并因地制宜设置不同形式的桥墩。

塔－码头－桥，构建成泉州海陆通往内陆腹地的复合运输网络体系，其意义极为重要。在泉州港崛起之前，广州港曾是北宋最繁荣的港口，广州市舶司的岁入曾占全国市舶总收入的 80%，但南宋之后，泉州港的市舶收入反超广州港，一举领先，这又是为何呢？宋史专家注意到，南宋的政治经济中心是临安，番舶运来的象牙、犀角、珍珠以及各种香料等奢侈品的主要消费地也集中在临安。史籍记载，番货运抵广州后，还要花 5 至 6 个月的陆路运输时间才能运抵临安，而货物从泉州转运至临安，则在 3 个月之内即可抵达。要知道，在没有现代冷藏运输技术的宋代，这多出将近 3 个月的运输时长，不仅意味着更多人力、畜力成本付出，而且意味着大量的物资损耗。虽然还有其他因素，但仅此一项，就足以让南宋朝廷令番舶更多地靠泊泉州港，在此卸货转运，而冷落了曾辉煌上千年的广州港。

府文庙，文化传承英才辈出

作为全国首批历史文化名城，泉州城内外的文化珍遗可谓星罗棋布。泉州府文庙和学宫是泉州重要的文化地标，吸引着南来北往的游客前去“打卡”，如果你有机会去泉州的话，可千万不要错过哟。

泉州府文庙和学宫，其诞生年代源远流长，始建于唐，主体格局形成于南宋绍兴七年（1137 年），完备于明清。红朱墙，琉璃瓦，龙纹的柱身，重檐庑殿顶……它以中国传统建筑中最为尊贵的宫殿建筑形式，呈现出一组气势恢弘的建筑。泉州府文庙不仅建筑规模为福建目前唯一仅存，而且雄居我国东南七省之冠，其规格之高，为全国孔庙罕见。府文庙的宏伟，是中华文化在泉州人心目中地位的宏伟。

走近坐北朝南的府文庙，只见它红瓦坡顶、龙脊燕尾、砖壁粉墙、出砖入石……从这第一视觉印象中，你会发现它满满的闽南元素。再细看它的整体布局，也叫“建筑形制”，为“左学右庙”，西侧是儒家祭祀建筑文庙组群，东侧是州级地方教育建筑学宫组群。各组群建筑数量众多，主从有序，构成一个集入口、前导、祭祀、学署四种建筑类型于一体的文庙建筑群，整个建筑面积达 5000 多平方米。

泉州府文庙和学宫不仅是古代官方祭祀孔子的地方，而且也是为泉州培养莘莘学子的最高学府，成为古城千年文脉的源头。宋元以来，伴随着中国经济中心的逐步南移和泉州海外贸易的兴盛，在泉州地方官员大兴儒学的倡导下，古城书院风行，泉州一跃成为“科举大市”，仅宋代就有 1418 人考中进士，位居福建各府州前列，跻身全国三十强。而自唐贞元八年（792 年）至清光绪三十年（1904 年）的 1100 多年间，泉州登科举、载志书者达 6000 多人，其中进士 2454 人，使泉州成为“八闽形胜无双地，四海人文第一邦”。经济的繁荣为文化的繁荣提供了物质基础，而文化的繁荣则响应了经济繁荣引发的迫切的人才需求，两者互为需求，双向驱动。

泉州历史上的许多名人，或曾在府文庙接受教育，或主政泉州时在府文庙留下印迹，泉州府文庙和学宫培养造就了大批名留青史的人物。他们中，有开创泉州教育史先河的欧阳詹，有编纂中国最早军事百科全书《武经总要》的北宋宰相曾公亮，有发明水运仪象台的北宋宰相苏颂，有宋代理学集大成者朱熹，还有深刻影响后世的明代著名思想家李贽……我们之前介绍过的我国第一座海港梁式大石桥洛阳桥的建造，也是由从学宫中走出的蔡襄主持的……一代一代精英人物的涌现，不仅体现了中原文化在泉州的传播、辐射、深耕和传承，也使他们在宋元海洋贸易的推动和管理中发挥了重要作用。

泉州府文庙和学宫，不仅在千年的历史长河中起着优秀文化的传承作用，而且在泉州人民反帝反封建的斗争史上也留下了深深的印记。

20 世纪 20 年代前后，伴随着五四运动的爆发，马列主义和共产主义思想在泉州迅速传播，泉州反帝反封建和新文化运动热情高涨。当时中共广东区委闽南特委派了一批党员骨干到泉州，许多在外求学的泉州籍学生在加入中国共产党后，也陆续回到家乡。他们一方面做宣传发动，开展工农运动；一方面发展党员，为泉属地区党组织建设打下了坚实的思想基础，做好了充分的组织准备。1926 年 11 月，中共厦门特支书记罗扬才指派李松林会同辜仲钊、左明亮等共产党员先后到泉州开展革命工作。第一次国共合作时期，他们伴随北伐军入闽，在泉州设立兴泉永政治监察署，办公地点就设在府文庙内的明伦堂，成员大多是共产党员和国民党左派人士。李松林、辜仲钊等分别担任民运、农运指导员等重要领导职务。

1927 年 1 月，中共泉州特别支部在府文庙明伦堂正式宣告成立，明伦堂是古代府学的主体建筑，面阔七间，这在中国府州级学府中并不多见。中共泉州特别支部的负责人是曾任厦门大学学联主席的李松林，共有党员 6 人，即李松林、辜仲钊、左明亮、林环岛、杨峻、谢岐，主要负责领导泉州所属各县党组织的工作。惠安、永春、德化、南安、同安等地也先后建立起中共党支部，由此形成了以中共泉州特支为核心指导泉属各县党组织工作、领导工农运动的新格局。

中共泉州特支与兴泉永政治监察署都为泉州的第一次国共合作做了大量卓有成效的工作，在晋江县就指导成立了 100 多个农民协会，发展农民会员 2 万多人。辜仲钊参与开办工人夜校，发动工人参加工会，支援北伐战争等活动，还以民众运动指导员身份领导工人示威游行，向资方提出增加薪金的要求，并团结一些进步人士组织商民协会、学生联合会和反帝大同盟。李松林等人在泉州城郊发动农民参加农民协会，反对压迫、剥削，组织农民协会会员 500 多人到晋江县署请愿，要求豁免捐税。正是在共产党和国民党左派人士真诚合作的推动下，泉州国民革命运动的新高潮，终于在1927年初春来临。

但国民党右派加紧勾结帝国主义和大资产阶级，决意背叛革命。

1927年4月10日，比“4·12反革命大屠杀”还早两天，泉州国民党右派就迫不及待动手了，查封了位于明伦堂的兴泉永政治监察署和泉州书店，公开通缉李松林、辜仲钊、谢岐等共产党人。泉州的共产党人被迫转入地下斗争。他们中，有的暂时转移到上海，继续斗争；有的转移到东南亚，继续播撒革命的火种；还有的在抗战爆发后投身抗日救亡活动，有的奉命奔赴延安；有的在新中国成立后走上领导岗位，担负起新中国的重任；还有的在20世纪80年代国家吹响改革开放号角后，回国捐赠多所学校，助力国家发展。

开元寺，浓缩了宋元泉州的多元文化

泉州的雅号很多，除了刺桐以外，还有鲤城、温陵、罗城等。“刺桐”的由来，据说是南唐清源军节度使留从效在任时，在泉州城墙的四周种满了刺桐树，刺桐枝叶茂盛，花色鲜艳，给海外客商留下极为深刻的印象。泉州港当年曾将绸缎、铁器、瓷器等远销至北非阿拉伯诸国和非洲东海岸的马达加斯加，“刺桐”也因此名扬海外。而鲤城之说，又出自哪里？一位泉州老人告诉我，泉州叫鲤城，是因为地形像鲤鱼。传说，邻城永春则像一张大渔网，永春人比泉州人善于经商，泉州人辛辛苦苦出海打渔，而永春人来泉州买鱼贩鱼，最后总是永春人获利更多。这令泉州人心有不甘，后来决定在泉州开元寺的东西两侧，建两座高塔，作为刺破渔网的象征，从此泉州人才得以平安。以今人看来，这传说显然毫无科学依据，但它竟然口口相传至今，可见开元寺的东西双塔在泉州人心中的重要地位。

开元寺位于泉州子城西门外，南临城内东西向主街，占地约 7 万平方米，是福建地区现存规模最大的佛教寺院建筑组群。开元寺建于唐垂拱二年（686 年），经历代兴扩，在 10 世纪极盛，主体格局定型于 13 世纪。寺院现状坐北朝南，由中路主体建筑群、东西石塔及东西两路附属组群等组成。开元寺体现佛教、印度教文化交流的代表性依存，是独一无二、集多元文化之大成的佛教寺院，也是古代东亚地区最独特的佛教建筑杰作。

泉州开元寺大殿为殿堂构造，九进九开间，供奉五方佛。殿内斗拱饰二十四尊妙音鸟式飞天乐伎，与建筑结构精巧结合，融合了中国飞天、印度迦陵频伽和欧洲天使的造型艺术，为中国木构建筑罕见。殿前月台的须弥座上饰有印度教狮身人面像石雕，殿后檐明间两柱为辉绿岩雕刻的印度教石柱。甘露戒坛为重檐八角攒尖顶，是中国现存三大戒坛之一，殿内设五级戒坛，斗拱饰有手持南音乐器的飞天乐伎。寺院前的东西双塔，建于南宋。西塔为仁寿塔，建成于公元1236年；东塔为镇国塔，建成于公元1250年。双塔是中国最大仿木楼阁式结构石塔，均为五层八角。东塔高48米，西塔45米，结构均为塔心柱式，抗震性极强。每塔塔身各面浮雕佛教主题造像计80方，双塔总计160方，其中仅44尊为中国人形象，另116尊均为外国人形象。域外题材完美融入塔身雕刻中，呈现了宋元时期因多种族人群聚集和开放包容的文化氛围而形成的，多种宗教艺术发达和繁荣的景象，反映出宋元海洋贸易带给泉州的经济繁荣和文化共存的特征。

1271年8月，比马可·波罗更早抵达刺桐城的意大利犹太商人雅格·德安科纳，在他的《光明之城》中写道：“在这里你可以听到100种语言。外国人多得不得了”，“在这个城市，各种宗教都有”……足可见宋元时的泉州是一座多元文化汇聚的国际化城市。

宋元时期，伴随着海洋贸易来到泉州的外商及其族群，使泉州呈现出“南北融合，中外交汇”的文化特点。来自世界各地的官员、商人、僧侣、旅行家等各界人士，他们所带来的多种宗教文化信仰、生活习俗以及商业技术等知识，在泉州营造了富有鲜明个性的宗教和文化建筑——府文庙及学宫、开元寺、老君岩造像、清净寺、伊斯兰教圣墓、天后宫、草庵摩尼光佛等，成为具有强大文化象征和凝聚力的社群精神纽带。1991年春节，联合国教科文组织“海上丝绸之路”考察团专程到泉州考察，总领队杜杜·迪安博士在考察后称草庵摩尼教遗址是“海上丝绸之路”考察全过程中最伟大的发现。他认为：“中国对外部世界的开放在泉州得到充分体现。”“我们看到泉州是一个不同信仰不同民族相遇、文化交流、和平共处的城市。”

宋元时期的中国大航海时代，不仅推进了东西方世界的经济和文化交流，繁荣了世界，而且也推动了宋元社会的进步。

宋史研究专家吴钩说，宋代发达的工商业，还带来了城市化的大发展。北宋的城市人口占总人口的20.1%，南宋则达到22.4%。这一城市化率不可小觑，要知道，民国时中国的城市化率才达到10%左右，1957年中国的城市化率还只有15.4%，依然比600多年前的南宋时期要低近5个百分点。如果没有发达的工商业，宋代不可能形成中国历史上最高比例的城市人口。而要是没有中国的大航海时代，没有海上丝绸之路带来的海外贸易，怎么可能形成发达的工商业呢？

更令我没有想到的是，从对外贸易的依存度来看，北宋后期，宋王朝一年的进出口总额超过2300万贯；而到了南宋绍兴末年，年进出口总额接近3800万贯。北宋后期，东南沿海一带的外贸依存度达到11.5%，而南宋时期的外贸依存度就更高了。11.5%的外贸依存度虽然比今天要低得多。你会感觉，历史是不是走过了一个“V”形，所幸今天这往上升的一笔远超了历史的高点？

中国的大航海时代还意味着什么？香港科技大学的学者也进行了深入分析：北宋末期的人均国民收入约为7.5两白银，远超“资本主义萌芽”阶段的晚明与现代人记忆中的“康乾盛世”，这一历史的纵向比较大大出乎我的意料。

而英国经济史学家安格斯·麦迪森则将宋代与世界做了一番横向比较，他认为，在公元960年至1280年间，尽管中国人口增加了80%，但人均国内生产总值却由原来的450美元增加到了600美元，增加了三分之一；欧洲在同时代人口增加了70%，人均国内生产总值从400美元增至500美元，仅增加了四分之一。这意味着，不仅宋代的经济与生活水平优于别的朝代，还领先于同时代的欧洲。美国耶鲁大学的中国现代史教授乔纳森·斯彭斯也曾撰文高度评价宋代中国，他说："上一个中国世纪是11世纪。当时，中国是世界上最大也是最成功的国家。它的领导地位缘于一系列的因素，从技术上的发明到工业企业的兴起和管理良好的农业……上一个千年的中国，是世界超级大国，也是世界上最强大的国家。"

中国的大航海时代，还带来了什么变化？

要是没有宋元时代繁荣的海上丝绸之路，很难想象会有明朝的郑和七下西洋。海上丝绸之路的开通，不仅为国人走向大洋开拓了航路，还为郑和远洋的船队做了硬件上和技术上的准备，储备了足够多的航海专业人才。

要是没有宋元时代繁荣的海上丝绸之路，很难想象国人看世界的视野和迈向世界的双脚还会被重重大洋遮蔽和禁锢多久？2021 年年底，泉州常住人口为 878 万；而在上世纪 90 年代，定居海外的泉州籍人士就有 600 多万，20 多年后的今天，这一族群人数会增加 5%，还是增加 10%？这 600 多万泉州籍人士，是走向世界的龙的传人，是中华文明融入世界的种子啊。

要是没有宋元时代繁荣的海上丝绸之路，还会有哪些变化，也许，未来的你会有更多发现……

可可西里，蒙古语“青色的山梁”之意。

中国青藏高原东北部、青海省西北角

自然遗产

青海可可西里

杰出的早期城市文明范例。

浙江省杭州市

文化遗产

良渚古城遗址

完整呈现了公元10世纪至14世纪中国成功实践的海外贸易体系。

福建省泉州市

文化遗产

泉州：宋元中国的世界海洋商贸中心

2018年（1项）

2019年（2项）

2021年（1项）

鼓浪屿：历史国际社区

文化遗产

福建省厦门市

素有“海上花园”之誉，展现了多种价值观的碰撞、互动和融合。

梵净山

自然遗产

贵州省

东方落叶林生物区域中物种最丰富的热点区域之一。

黄（渤）海候鸟栖息地（第一期）

自然遗产

江苏省盐城市

具有特别保护价值的世界迁徙候鸟栖息地。

森林、水系、梯田和村寨“四素同构”系统，具有突出普遍价值。

◎ 云南省元阳县

文化景观遗产

红河哈尼梯田文化景观

世界上最长的运河，也是世界上开凿最早、规模最大的运河。

◎ 8个省(直辖市)27个城市

文化遗产

中国大运河

见证了古代中国对西南山地多民族聚居地区独特的管理智慧。

◎ 湖南、贵州、湖北

文化遗产

土司遗址

自然资源丰富，生物多样性高，珍稀物种多。

◎ 湖北省西部

自然遗产

神农架

2014年 (2项)

2015年 (1项)

2016年 (2项)

2017年 (2项)

新疆天山

自然遗产

◎ 中国境内

指天山山脉分布在中国境内的部分，又称中国天山或东天山。

丝绸之路：长安—天山廊道路网

文化遗产

◎ 中国（河南省、陕西省、甘肃省、新疆维吾尔自治区）、哈萨克斯坦、吉尔吉斯斯坦

中哈吉三国联合申报，首例跨国合作、成功申遗的项目。

左江花山岩画

文化景观遗产

◎ 广西壮族自治区崇左市

世界岩画艺术的代表之一。

2009 年（1 项）

驰名中外的“西太平洋边缘最美丽的花岗岩”。

江西省上饶市

自然遗产

三清山

五台山

文化景观遗产

山西省忻州市

被誉为中国佛教的缩影，是世界著名的佛教圣地。

2010 年（2 项）

中国中原地区上下两千年形象直观的建筑史，是中国先民独特宇宙观和审美观的真实体现。

河南省登封市

文化遗产

登封“天地之中”历史建筑群

中国丹霞

自然遗产

贵州、福建、湖南、广东、江西、浙江

中国和世界上丹霞景观的例证。

2011 年（1 项）

湖光山色引得无数文人吟咏兴叹。

浙江省杭州市

文化景观遗产

杭州西湖

2012 年（2 项）

澄江化石地

自然遗产

云南省玉溪市澄江县

完整展示了寒武纪早期海洋生物群落和生态系统。

中国元代都城系列中创建最早、历史最悠久、格局独特、保存最完好的遗址。史学家称誉它可与意大利古城庞贝媲美。

内蒙古自治区锡林郭勒盟正蓝旗和多伦县

文化遗产

元上都遗址

2013 年（2 项）

2004年（1项）

2005年（1项）

文化遗产

高句丽王城、王陵及贵族墓葬

吉林省通化市、辽宁省本溪市

已经消失的高句丽文明的特殊见证，体现了人类创造力和自然环境的完美结合。

文化遗产

澳门历史城区

澳门特别行政区

中国境内现存最古老、规模最大、保存最完整、最集中的中西特色建筑共存的历史城区，是四百多年来中西文化交流、多元共存的结晶。

2006年（2项）

文化遗产

安阳殷墟

河南省安阳市

闻名中外的中国商代晚期都城遗址，是中国历史上有文献可考，并为甲骨文和考古发掘所证实的最早的古代都城遗址。

自然遗产

四川大熊猫栖息地

涵盖四川成都、阿坝、雅安、甘孜4个市州12个县

全球最大最完整的大熊猫栖息地。

2007年（2项）

文化遗产

开平碉楼与村落

广东省开平市

首个华侨文化的世界遗产项目。同时，它也是国际“移民文化”的第一个世界遗产项目。

自然遗产

中国南方喀斯特

云南石林、贵州荔波、重庆武隆（2007年第一期）

广西桂林、贵州施秉、重庆金佛山和广西环江（2014年第二期）

世界上最壮观的热带至亚热带喀斯特地貌样本之一。

2008年（2项）

文化遗产

福建土楼

福建省漳州市

体现了一种特定类型的公生活和防御组织。

皖南古村落—西递、宏村

文化遗产

安徽省黟县

至今完好地保存着典型的明清古村落风格，有“活的古民居博物馆”之称。

明清皇家陵寝

文化遗产

湖北、河北、江苏、北京、辽宁

2000 年（明显陵、清东陵、清西陵），2003 年（明孝陵、十三陵），2004 年（盛京三陵 ）

体现了传统的建筑和装饰思想，阐释封建国家晚期持续五百余年的世界观与权力观。

云冈石窟

文化遗产

山西省大同市

中国佛教艺术第一个巅峰时期的经典杰作。

2001 年（1 项）

2003 年（1 项）

龙门石窟

文化遗产

河南省洛阳市

与甘肃敦煌莫高窟、山西大同云冈石窟并称为“中国三大石刻艺术宝库”。

青城山—都江堰

文化遗产

四川省成都市

青城山是中国道教的发源地。

都江堰是全世界年代最久、唯一留存、以无坝引水为特征的宏大水利工程。

三江并流

自然遗产

云南省丽江市、迪庆藏族自治州、怒江傈僳族自治州

金沙江、澜沧江和怒江在云南省境内自北向南并行奔流 170 多千米的区域，涵盖范围达 170 万公顷。这里有着 118 座海拔 5000 米以上、造型迥异的雪山，是世界级物种基因库。

佛教圣地和动植物多样性保护区。

四川省乐山市、峨眉山市

文化与自然遗产

峨眉山—乐山大佛

集中了江南园林建筑的精华，分别代表了宋、元、明、清不同时代的建筑风格。

江苏省苏州市

文化遗产

苏州古典园林

原为清代行宫花园。中国风景园林设计中的杰作。

北京市

文化遗产

北京皇家园林：颐和园

驰名中外的“石刻之乡”，以其艺术品质极高、题材丰富多变而闻名遐迩。

重庆市大足区

文化遗产

大足石刻

1997年（3项）

1998年（2项）

1999年（2项）

2000年（4项）

平遥古城

文化遗产

山西省晋中市平遥县

始建于西周宣王时期（前827—前782年），是中国汉民族地区保存最为完整的一座古代县城。

丽江古城

文化遗产

云南省丽江市

体现了中国古代城市建设的成就，是中国民居中具有鲜明特色和风格的类型之一。

北京皇家祭坛：天坛

文化遗产

北京市

明清两代皇帝每年祭天和祈祷五谷丰收的地方，是保存完好的古代祭祀性建筑群。

武夷山

文化与自然遗产

福建省武夷山市、江西省上饶市

中国东南部最负盛名的生物多样性保护区。

地势悬殊，气候多样，山明水秀。

四川省阿坝藏族羌族自治州九寨沟县漳扎镇

自然遗产

九寨沟

中国元、明、清三代世俗和宗教建筑的建筑学和艺术成就。

湖北省丹江口市

文化遗产

武当山古建筑群

集中国古代造园艺术和建筑艺术之大成，具有极高的美学研究价值。

河北省承德市

文化遗产

承德避暑山庄及周围寺庙

孔子及其后裔的宗庙、墓地和宅邸的庞大建筑群。

山东省曲阜市

文化遗产

曲阜孔庙、孔林和孔府

1994 年
(4 项)

1996 年
(2 项)

黄龙

自然遗产

四川省阿坝藏族羌族自治州松潘县

素有“世界奇观”“人间瑶池”的美誉。

武陵源风景名胜区

自然遗产

湖南省张家界市

景色奇丽壮观，沟壑、峡谷纵横，溪流、瀑布随处可见。

布达拉宫历史建筑群

文化遗产

西藏自治区拉萨市

我国著名的宫堡式建筑群，藏传佛教名寺。整座宫殿高 200 余米，气势雄伟。

1994 年（布达拉宫），2000 年（大昭寺），2001 年（罗布林卡）。

庐山国家公园

文化景观遗产

江西省九江市

富有独特的庐山文化，具有重要的科学价值与美学价值。

56项中国世界遗产图示

中国现有56项世界文化和自然遗产列入《世界遗产名录》，其中世界文化遗产 38 项(包括 5 项文化景观遗产)、世界文化与自然双重遗产 4 项、世界自然遗产 14 项。

1987 年（6 项）

长城

文化遗产

东起山海关，西至甘肃省嘉峪关

世界上修建时间最长、工程量最大的一项古代防御工程。

莫高窟

文化遗产

甘肃省敦煌市

雕像和壁画展示千年的佛教艺术。

秦始皇陵及兵马俑

文化遗产

陕西省西安市

第一位统一中国的皇帝秦始皇的陵墓和成千上万件陶俑。

明清皇宫

文化遗产

北京市、辽宁省沈阳市

北京故宫，明清时代中国文明无价的历史见证。

沈阳故宫于 2004 年作为明清皇宫文化遗产扩展项目列入《世界文化遗产名录》。

泰山

文化与自然遗产

山东省泰安市、济南市

被评为“中华十大文化名山”之首。

周口店北京人遗址

文化遗产

北京市房山区

时间为 70 万至 3 万年前，不仅是有关远古时期亚洲大陆人类社会的一个罕见的历史证据，而且也阐明了人类进化的进程。

1990 年（1 项）

黄山

文化与自然遗产

安徽省黄山市

被誉为“天下第一奇

1992 年（3 项）